JN440199

하늘빛 연가

하늘빛 연가

초판 1쇄 | 2015년 2월 10일
저 자 | 박채선
펴 낸 이 | 차영미
편 집 | 디자인그룹 여우비

펴 낸 곳 | 서정문학
등록번호 | 제324-2014-000060
등록일자 | 2008. 3. 10
주 소 | 서울시 강동구 풍성로 136, 삼성아파트상가동 115호
전 화 | 02-720-3266
팩 스 | 0505-115-3266

홈페이지 | http://cafe.daum.net/seojungmunhak.com
이 메 일 | sjmh11@hanmail.net

ISBN 978-89-94807-39-3 03810
정가 10,000원

*이 도서의 국립중앙도서관 출판예정도서목록(CIP)은 서지정보유통지원시스템 홈페이지(http://seoji.nl.go.kr)와 국가자료공동목록시스템(http://www.nl.go.kr/kolisnet)에서 이용하실 수 있습니다.(CIP제어번호: CIP2015002871)

서정대표시선 · 29

하늘빛 연가

박채선 시집

시인의 말

들국화 향기 짙은 조락의 계절을 지나 하얀 눈이 내리는 겨울로 가는 길목에서 첫 시집 하늘빛 연가를 세상 속에 상재하고 보니 부끄럽기도 하고 기쁘기도 합니다.

살아온 날들은 투명한 거울을 보는 것 같고 현재의 삶은 조급하고 방황하며 자아를 잃어가고 있는 듯하여 가끔은 서글퍼지기도 합니다. 그래도 그 비좁은 틈에도 소소한 감성으로 시를 쓸 수 있다는 것은 안개 자욱한 숲 속 오솔길에서 미래를 살아갈 수 있는 한 가닥 희망의 불빛을 발견하여 스스로 그 길을 걷고자 합니다.

언제나 자만하지 않고 노력하여 사랑과 사람 사는 향기가 가득한 시를 쓰고 싶습니다.

또한, 시인의 길을 걷게 해주시고 격려해주신 선배, 지인님과 부족한 글에도 늘 응원 보내주신 문우님들께 감사드리며 출판을 위해 수고해주신 서정문학에 감사드리며 묵묵히 내조해주신 제 사랑하는 아내와 항상 잘해주지 못해 미안한 두 딸에게도 감사를 전합니다.

끝으로 부족한 소생의 졸필을 대하시는 모든 분들께 신의 은총이 충만하시길 두 손 모아 기도합니다.

2014년 12월 운설 박채선

추천사

가슴으로 흐르는 황홀한 그리움

윤송석(시인·소설가)

시인으로 산다는 것은 시심에 취해 사는 것이다. 아침 해가 떠오르는 걸 잊고, 저녁 해가 지는 걸 잊고, 밤이 흐르고 새벽이 흐르는 걸 아득히 잊어버릴 만큼 취하고 또 취해서 사는 것이다.

살다 보니, 오랜만에 그런 사람을 만났다.

운설 박채선 시인을.

그의 시집 『하늘빛 연가』를 읽고 그가 노래한 사랑에 관해 깊이 명상하는 기회를 가졌다.

눈 맑고 영혼 맑은 지고지순한 사랑을 찾는 한 사나이의 고지식한 사랑으로 얼키설키 부푼 그의 가슴을 들여다보았다. 그의 두 눈은 인공위성을 타고 도는 듯, 가을날 나뭇잎이 다 떨어지고 잎사귀 하나만 남아 한들거리는 모습을 보고도 동정하고 눈시울 붉게 적시는가 하면, 또 그것이 떨어져 가지고 뒹구는 모습을 보고는 껄껄껄 웃는 여유 늠름한 바탕을 지닌 그의 모습이 삼삼히 떠오른다.
사랑하는 여자의 그 마음속에 꽃이 피어 가지고 향기를 풍기는 홍도와 같이 아름답고 향기로 말하면 그것을 생각만 해도 기가 막힐 수 있는 그런 사랑을 담담한 심정으로 줄줄 노래하고 있다.
사랑 가운데 들어가면 다 잘나 보이고 다 아름답다지만, 곱고 아름다운 것만이 명작은 아니듯, 반듯한 그림 가운데 다 잘 그렸지만 결점이 딱 하나 들어감으로 말미암아 그 균형이 잘 잡히는 것처럼, 심신 깊은 곳에 황홀한 그리움 하나 있어 속이 타는 가슴에 고독한 강물이 되어 운명처럼 출렁이며 흐르는 사랑을 밤낮으로 읊조리며 사는, 그런 사랑으로 하여금 시를 짓는 박채선 시인의 서정시를 만나, 모처럼 내 가슴이 감동으로 울었다.
박채선 시인은 애당초 켜켜이 시인이었다. 그의 고향 전라남도 영암, 월출산 천황봉에 걸린 달님을 우러

러보는 그 순간 속에서도 사랑의 맥박이 뛰었을 그의 남다른 감성세계, 호남의 금강산으로 불리는, 그 영산靈山의 정기를 고스란히 받은 그는 대한민국 최전선 최전방 을지부대에서 14년의 군복무와 10여년의 별정직 공무원 생활로도 문학적 감성은 물론 시심 하나 흐트러지거나 희석되거나 시들지 않은, 요즘 세상에서 좀처럼 보기 드문 순수한 시인.

그리하여 영산강 강가에 스치는 한 줄기 바람에도 천년의 신비한 목소리를 들으며 밝은 햇살 아래 부는 맑고 시원한 광풍을 붙잡아 비비고 문지르고 꾹꾹 눌러서 지독한 고독을 노래하고 절절한 사랑을 노래하는 것이리라.

이 시집은 박 시인이 고등학교 시절 문예창작반에 뛰어들어 문학으로 가슴 설레던 그때부터, 줄곧 가슴으로 읊어댄 시심의 결정結晶으로, 문학을 사랑하고 서정시를 좋아하는 모든 독자에게 큰 공감을 불러일으키게 될 것으로 굳게 믿으면서, 박채선 시인의 첫 시집 출간을 진심으로 축하하오며, 『하늘빛 연가』를 통해 시인의 시향이 길이길이 전해지기를 기원한다.

축시

글을 빚으며

牛步 고정현(시인·소설가)

묻혀버릴 이유 하나가
가슴으로 내려가
묵은지 같이 발효가 되고
손끝은
발효된 이유를 시어로 빚어
그 존재의 가치를 드러낸다.

한 사람의 시인이 빚은
한 권의 시집詩集속에는
시인의 삶을 관조觀照하는
수많은 사연이 담겨 있고
독자는 눈에 보이는 시어詩語들로
스스로의 삶을 투영投影한다.

구름이 눈이 되어 내리는 날
포근한 어머니의 품을 그리는 아이처럼
한 편의 시가 가슴으로 스미는 날에는
아지랑이처럼 피어오르는 사랑으로
드넓은 세상을 바라보면서
주어진 삶을 노래하게 되리라.

雲雪 박채선 시인의 시집 출간을 축하드리며…

C·O·N·T·E·N·T·S

1부
우리 인연되어

가슴 시린 이름

한세월 흘러 두려운 듯 찾아온
어느 옷깃 스치는 인연이 있어
내 눈을 멀게 하여도
이 휑한 가슴만은 열지 않으리.

간밤 꿈마다 속 못 채워 마음만
건너가니 설움이 앞을 막아
까맣게 주저앉은 체념이더라.
잊을까 그만둘까
마음 없이 껍질만 벗겨낸 그리움

벌써 몇 해 어디다 버리랴
갈길 잃고 해마다 멍든 미련
먼 듯 지친 듯 가슴 시린 이름 차라리
홀로 귀 막고 눈 감고
저 신록 속에 울어나 보리

채워질 수 없는 사랑에서 비워져간
눈물만을 되씹고 먼빛에 고여 온
하늘 가장자리에 숨죽인 눈물만

하염없이 흘러 외돌아진 하늘만 보면
차마 눈 뜨지 못할 것 같으니

그 이름 내 사랑이여

소리 없는 그리움과 외로움
알 수 없는 세상 속 속울음 삼키는
초라한 영혼에 무언의 그림자
채찍질 가슴 아프다

힘겨워 마라 울지 마라
홀로 사는 이승의 삶
함께 보듬어
인도하겠노라고

초롱초롱한 눈동자
아픈 가슴 지난 세월
눈 뜨고 볼 수 없었노라
오늘도 오신 내 사랑의 이름이여

살아 숨 쉬는 가슴속에 동행하는
백합 같은 순수의 마음으로
내 곁에 머물며 사랑으로 오신
그대 사랑의 이름이여

그대에게 소중한 사랑 되어

내 사랑이 머무는 자리
나의 기다림을 그대는 알까
마음속에 감춰두고
사랑해야만 하는 너를

가슴이 허락한 사랑
삶이 없어도 그대 내 사랑이라면
야윈 어깨의 저녁 햇살도
받들며 살리라

꽃비 내리는 봄날은 가고
돌아가는 그 길 위에 서면
내 마음은 천 개의 강이 흐르고
눈물은 주관식으로 흐른다.

내 가슴에 섬으로 남아있는 그대
우리의 사랑은 왜 눈물만 글썽이게
하는가! 그대가 가져간 내 마음은
붉은 노을이 되리라

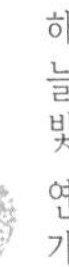

그대는 누구십니까

꽃피고 신록을 자랑하는 계절
피고 지는 꽃보다 더 푸른 소망과
더 아름다운 사랑으로 마음 열어 주시고
무거운 발걸음 함께 동행하는
그대는 누구십니까

그리움처럼 쌓인 황홀한 꽃향기 흩뿌리는
그대는 누구십니까
각자 다른 개성과 생각 속에 하나의 일체감으로
함께 가자며 손을 잡아주시는
그대는 진정 누구십니까

천상의 화원 바래봉 산자락 아래서
마음에 태산 하나 껴안고
깊은 강물 닮아 가며 산의 높음과 강의 깊음을 배우며
아름다운 노을같이 평화로움으로
세상 살아가는 동안 언제나 함께 하고픈
그대는 누구십니까

철쭉꽃 피고 지는 바래봉 자락에

슬그머니 빗진 마음 내려 놓습니다.
온 산 연분홍빛으로 푸름으로 물들이며
천년만년 자연의 순리에 순응하며
함께하자는 고운 그대는 자연인입니다

2012년 5월 20일 지리산 바래봉 철쭉 군락지에서

그리움의 추억록Ⅱ

이제 더는 허락하지 않는 당신의 사랑에
갈 길은 정해져 있고 서러움과 안타까움에
습관처럼 되어버린 새벽녘의 시간 속에서
고독함과 외로움 책임감에 떨고 있습니다.

새벽 찬 공기가 창문틀 사이를 비집고 들어옵니다.
아직도 제 머릿속은 그리움과 연민의 정으로
지난날 그대와의 행복에 연연하나 봅니다.

하지만 현실은 서로에게 줄 수 없는
서러운 한이 있기에 밤은 이리도 길고
시인의 아픈 마음에 시만 쓰게 하십니다.

버릇처럼 새벽의 불면 속에
이렇듯 초라한 궁상을 떨고 있습니다.

다 허물어진 마음 상처로 가득한 가슴에
한없이 부르고 싶었던 당신의 이름을
이리도 피눈물 흘리게 하고
이리도 초라한 시를 쓰게 하시지만 이것이
마지막의 길까지 써야 할 제 인생의 모든 것임을

기다림도 사랑이라고

그대 너무 그리워하다
바람으로 서성거리고 싶은 마음
한 번씩 그대 눈물 적시게 하는
그런 시를 드리고 싶습니다.

사랑은 아름다운 불꽃 같아서
마음 녹여 끌어내는 시어처럼 깊이를 잴 수 없는
그런 아픔으로 깊어지는 일입니다

온 생애 울음에 갇혀 절규하다 목숨 지는
매미처럼 슬픈 인연으로 끝날지라도
사랑하는 그 이름
바꾸고 싶지 않습니다.

떼어낼 수 없는 기억 하나
품고 사는 일도
분명 아름다운 사랑이기에
기다림도 사랑이라고

나는 어찌합니까?

슬픈 노래는 부르지 말아 달라고
가슴 메여오는 시는 쓰지 말아 달라고 애원했던 그대
그렇게 그렇듯 삶이 닮아간다고 말하던 그대
떠나신다 말하면 나는 어찌합니까?

잠시 동안 시간이 필요하다는 연유로
마지막 헤어짐에 악수마저 거절했던 그대
이제는 떠나야 한다고, 잊어 달라 하시면
나는 어찌합니까?

인생 황혼길 손자, 손녀 손잡고
삶의 뒤안길 함께하자던
그 약속 저버리고 떠나신다면
난 어찌합니까?

추억 속 어딘가에서 아직은 변하지 않은
그대 마음 진실을 담으려 하는데
오늘도 난 슬픈 노래와 절실한 시로 채색되어 가는데
나는 어찌합니까?

동행하는 추억

저만치 가는 바람 힘없이 배웅하고
바람의 손길 따라 구름의 발길 따라
인연의 쇠사슬에 묶여 돌고 도는 나그네

새벽으로 가는 길목에서 기도하는 마음
동행할 수 없는 우리의 인연일지언정
밤하늘에 빛나는 붙박이 별이라도 되어 달라고

시어가 촐랑촐랑 뛰어다니고
담배 연기 꽃피는 시간에도
먼 날 기약 없는 추억만이 재생되고

충혈된 가슴으로 맞는 새벽
배웅 못한 눈물만 홀로 남아있어
웃고 있어도 손등에 떨어지는 뜨거운 추억

흐르는 세월에도 빛바램 없이 동행하는 추억
좋은 벗 하나 더 인연 맺어
여명의 빛 밝혀주는 동행자 되었으면

사랑 비우기

더 이상 채울 수 없는 마음이 될 때까지
그리워만 할 뿐
아무리 그리워도 다시 볼 수 없는
사랑하는 나의 임이시여

이제 아파할 사랑은
그리워할 사랑은 하지 않으렵니다.
보낼 수 없는 사랑 간직하고
그리울 때마다 꺼내보는 사랑을 하렵니다.

너무도 사랑한 사람이기에
내 마음에 슬픔이 가득차
더 이상 당신에 대한 그리움을 채울 수 없기에
조용히 사랑을 비우고 싶습니다.

차마 잊지 못하고 한세월 흘러도
마냥 깊어가는 그리움의 조각들
천만년 그리움으로 쌓아두고
기꺼이 아름다운 사랑으로 남으렵니다.

사랑한 죄

당신 하나를 사랑한 죄가 이리도 지리한
고통을 안겨다 주고
이제 와 제 스스로 다른 누구를 사랑할 수도
없게 절 묶어버리는 당신은
이렇게 눈 내리는 밤에 바람 같은 고통으로 오십니다.

어느 고독이 깊어가는 겨울날에
세월이 오고 가는 소리를 조용히 듣노라면
불현듯 다가오는 사람
참으로 그댈 많이 사랑했습니다

소리 없이 가슴을 파고드는 그 사랑의 아픔
세월 가면서 추억이 비켜갈 때면
항상 그대를 뜨겁게 사랑했던 마음은
죄인처럼 아픈 추억을 가슴에 숨기게 합니다.

어둠이 이웃하는 창가에서 어느 날
죄인처럼 변해 버린 자화상을 뒤돌아 보노라면
불현듯 가슴속 깊숙이 터져 나오는 울분
아직도 더 사랑할 수 있음을 뜨겁게 깨우치고 있습니다.

사모곡

가슴 시린 그리움 한 조각 안고
마른 눈물 흘리는 아픔
소금보다 진하다 한들
당신은 이제 다시 오시지 못합니다

가슴 한쪽 못 자국 선명하게 남아 있을 당신
다시는 보지 못해도 이토록 그리운
가슴으로 살아가는 건 하늘처럼
사랑하지 못하여

영혼으로 흐르는 아픔만 남겨져
더는 견디지 못한 죄스러움이
눈물이게 하시옵니다.

당신 없이 가는 인생길에서 새벽 기운조차 맘껏
밟지 못합니다
억만년의 세월을 업고 긴 눈물 모두
마시게 되면 어느 세월의 흐름에서
다시 만날까요.

물이 흐르듯 흘러가는 세월의 언덕
쉬어 가는 길목 머물지 않는 바람
애틋한 아픔 하나 가슴에 묻고
허공에 맴도는 사모곡이여

어머님

가난한 농부의 아내
미인박명이라 했었던가요
마흔여덟 해 살아 숨 쉬는 삶을 저버리고
당신은 또 하나의 갯벌이 되셨습니다.

인간의 작은 욕심에
스스로를 던져버린 미련한 삶의 집착
고단했던 당신의 생애에
눈물도 흐르지 않습니다.

입맛 돋우는 세발낙지
살랑 게 갈아 만든 겉절이
가꾸지 못한 거북등의 거친 손맛
이젠 느낄 수가 없습니다.

천 년을 두고 흘러야 할 영산강 하구언 물결도
인간사의 좁은 주판 속에
유구무언의 침묵으로
부딪히는 수문에 아픈 신음소리 더해만 갑니다.

인연因緣

새털 구름만큼이나
한낱 불티 되어 허공虛空에 날릴 진데
시간時間이 흘러 버거운 삶 속에도
바람은 인연因緣 되어 내 가슴 불어갑니다

너와 나의 만남도
헤어짐도
애타는 내 가슴에 상처傷處만 남아
흐느끼는 내 사랑도 인연입니다

당신과의 사랑도
이별離別도
외로운 내 가슴에 미련未練만 남아
달래보는 내 사랑도 인연입니다

우리의 행복幸福도
눈물도
고요한 내 가슴에 추억追憶만 남아
불러보는 내 사랑도
아! 모두 모두 인연입니다.

허락되지 않는 사랑

밤마다 마음의 정원에
무성히 내리는 별빛
메마른 가슴 그리움 적셔놓은
허락되지 않는 사랑

내 안에 남아있는 사랑 하나
이별은 한 번뿐인데
그리움은 왜 남는지
사랑한 만큼 아프다

칼바람보다 더 시린 사랑
그 깊이를 다 알지 못하는
헝클어진 삶의 미로
바람 편에 띄워 보내며

그대의 소중한 사랑되어
별빛은 새벽을 털어내는 시간
허락되지 않는 사랑 묻어두고 찾아든 여명
이제는 삶을 노래해야지

인연을 꿈꾸고 싶다

그리움을 간직하고 살면
때로는 보고픈 마음이 몰려와
내 심장 속을 외로움이 파고들어
얼룩진 상처가 시련으로 남아 있어도

늘 간절함에 사로잡혀
오래도록 잊지를 못하겠습니다

늘 애잔하게 흔들리며
외로움에 슬퍼하며 살아도
사랑하는 사람이 있다는 것은
참 고마운 일이기에
차마 잊을 수가 없습니다.

다시 마주쳐 보고 싶은 마음이 남아
이대로 무너져 내리고 싶지 않습니다.
정말로 간절히 바라고 또 바라는
아픔 없는 인연을 꿈꾸고 싶습니다.

천상재회를 바라며

사랑의 공허한 맹세가
텅 빈 수납장 문을 열듯
빈 지갑을 헤집듯
반기는 이 없는 집을 들어서야 하는
서글픔의 덜미를 잡아챕니다.

눈물에 길들여진 사랑
눈물 나는 날에는
더욱 사랑이 간절하게 다가섭니다

작은 내 사랑이었다고 시인합니다
그리고 나의 사랑은 더 이상의
훗날을 기약하지 못했습니다
다만 지금도 사랑한다는 것이
진실할 따름입니다.

사랑의 저편에는 용서가 보입니다.
당신이란 배려 앞에
조건 없이 향합니다

별빛을 바라보며 커지는
천상재회의 자맥질에 신중함을
더하듯, 철이 들듯
이 세상 마지막까지
사랑의 영원이라 믿고 싶습니다.

친구야 술 한잔 하자

이른 봄날 물오르는 나뭇가지처럼
물결 위에 무수히 반짝이는 햇살처럼
인생과 사랑 한 아름 안아 들고서
친구야 술잔을 채워보자

우리 살아가는 아름다운 이 세상에
저녁노을 안고 조용히 흐르는 강물처럼
오랜 세월 함께한 우정에
감사하고 자축하며 술 한잔 하고 싶다

외로움보다 더 가파른 절벽은 없다지.
마음 한자락 비워둔 허전함으로
고독에 취해 아무 어깨나 기대여
소리 내어 울고 싶은 날
친구야 술잔을 들자

음객이 말없이 술잔을 비우는 건
윤회를 꿈꾸는 세월에 주먹을 치며
자신을 달래는 눈물인 걸 굳이
말하지 않아도 토해내지 않아도

느낄 수 있고 가늠할 수 있기에
친구야 술 한잔 하자

2부
바람이 전하는 말

강물로 바람으로 흐르는 나

길 잃은 그림자 하나 들렀다 간
초가을 오후
바람이 다녀가고
근심 한 자락 들고 온 구름이 쉬어간다

이제 다시는 오지 않을 길을
바람의 등에 업혀 세월이 걸어가고
흐린 하늘에 슬픔을 묻고 돌아서지만
감당할 수 없어 한숨만 쉬다가
끝내 강물로 바람으로 흐르는 나

마른 바람 부는 가슴속에
하늘은 끝내 눈물을 쏟아내고
세상에 머문 한 사람의 의미가
고작 이만큼이던가
단 한 번의 외침으로 끝이 날 양이면
이토록 많은 언어가 범람하지 않았을 것을

슬픔을 탄 눈물 한 잔에도 추억은 있으니
깊게 골 패인 삶 더 큰 아픔으로 삭이면 되지

인생이란 다 그런 거라는 그 말
속는 셈 치고 믿어나 봐야지

가슴앓이

여름날 목 메여 속울음 토해냈던
매미의 목마름이 전이 되었나 보다
시어詩語 한 줄에 목말라 멍멍한 내 머릿속
가을은 동행하자고 손 내미는데
내 마음은 그 손을 잡지 못하고
먼 산 바라만 봅니다.

글감이 떠오르지 않을 때
마음이 산만하여 펜을 잡기 힘들 때
결국은 제 가슴을 쥐어뜯습니다.

글을 쓰는 이의 마음을 사랑하고
글쓰기를 좋아하는 나는
내일을 사랑으로 기다리며
생각이 일어나는 소리 문이 열리는 소리에
어디론가 가고 있는 내 발자국 소리에
오늘도 가슴앓이를 하나 봅니다.

고독이 깊어가는 밤에Ⅱ

꽃이 진자리 열매가 맺힌다 하더니
그대 보내고 난 자리에는
슬픔으로 다져진 굳은살이 남았구나.

살아가는 일이 다 그런 것 이러니
건널 수 없는 강처럼 나는 끝내
그대에게 닿지 못함이니
마음 걸음 휘청거리고 가야 할 길 아득하다

머물지 못할 이름 스쳐 가는 바람 같은 그대
체념보다 더 슬픈 건 헛된 바람이리라
기다림이 이별의 보상이라는 어설픈 위로에서
그만 놓여나고 싶다

어쩌면 영영
그대와 나는
고독의 깊은 밤만 연연하며
살아가야 할지 모르겠습니다.

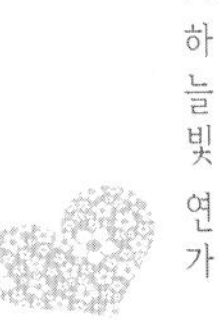

그리움의 자국

마디마디 마다 아픔이 밀려온다.
뒤돌아선 내 마음도 아프다
이렇게 끝내는 것은 아니라고

생각은 하지만
이렇게 생각나는 것은
왜일까?

저만치 들려오는 그님의 멘트 소리는
가슴 가득히 밀려오는
그리움만큼이나 그립다

아쉬운 마음 접고
다시 나를 찾아야 하지만
이렇게 그리움의 자욱이 마디마디에
남을 줄 몰랐다

스산한 바람이 나를 할퀴고 지난다.
손톱자국만큼이나 아프다
아마도 오랜 생채기가 남을 것 같다
아마도 가슴속에 남은 자욱이…….

춥다
마음이 춥다
움츠리고 싶을 만큼 춥다
아주 많이많이……

괜찮습니다

스산한 가을밤 별빛 달님으로 오신 당신
자주 못 오셔도 괜찮아요.
이제는 당신 보내놓고 고맙다고
마음의 남은 감정 다 털고 말하겠습니다

괜찮아요, 슬픔도 그리움도 다
사람 살아가는 일이지요
그래도 사랑했기에
입술 깨물며 흐르는 눈물 훔쳐요

오시는 길 멀어 해가 가고
달이 차도
잊지 않고 오신다면 당신 오시는 길
촛불 밝히며 기다릴게요.

우리 인연 천상의 달빛 별빛
지상의 서리꽃 눈꽃 피워도 괜찮아요.
우리 서로 영혼 속에
남겨진 사랑이니까요

국화차를 마시며

지천명의 세월 걸어오는 길
그렇게도 버거웠는데
가을은 묵묵히 저 산을
넘어오고 있구나.

청아한 가을빛
하늘 닮은 찻잔에
마음 담아 바람과 하얀 구름 띄워
국화차 한 잔 함께하고 싶다.

모든 시름과 인고 속에 피어나는 한 송이 국화
떨어지는 꽃잎은 말없음표
시인의 마음은 붉은 단풍
국화 향처럼 담백하여라.

대나무 숲에 우는 바람 소리

바람이 지날 때마다 사각사각
푸른 댓잎에 베어낸 가슴 아프다
바람에 묻어나는 소리 영혼으로 들려오고
부러지지 않는 굳은 절개에
달빛도 처연하여 잠들지 못하는구나

댓잎에 맺힌 이슬처럼 그물에 걸린 바람처럼
녹아내리지 못한 사연 비우고 또 비워내
마디마다 청렴을 새겨
하루 또 하루 비워간 마음속을
메마르고 차가워진 바람이 자리하네

대나무 숲에 스친 달빛 저미듯 아려온 밤
한 줄의 시어에 목말라 우는
음객의 감성은 무거운 걸음마다
서러운 눈시울 가득한데
바람 소리만 대나무 숲을 불어간다

마디마다 침묵과 침묵 사이 댓잎의 흐느낌에
새벽은 멀기만 하고 바람은

겸손과 청빈의 깨달음
나이 들어갈수록 속을 비우는
삶의 지혜를 전해주는구나.

돌고 돌아가는 길

세월따라 강물따라 떠나는 인생길이라 하여도
결국엔 그 길이 그 길인 걸
먼 길을 서로가 따로 돌아 윤회하며
만날지라도
서로에게 연민의 마음은 주지 말도록 합시다.

어차피 서로가 상처 덩어리로
알아볼 수 없을 테니까요
어느 길로 가든지
떠날 사람은 떠나는 것입니다
슬픔은 있을지라도 아픔 없는 길이였음 합니다.

동행의 그림자

나 그 사람의 향기를 알고 있습니다.
눈을 감으면 맡을 수 있지만
우린 분명 같은 감정으로 살고 있습니다.
같은 슬픔 같은 기분 같은 향기를 지니면서

한 가지를 잃고 나서야 현재 내게 속해있는 모든 것이
내겐 행복이란 것을 깨우침을 주는 듯
보이는 모든 것이 소중한 행복이라는 것을
어느 날 문득 내 등 뒤에 길게 서 있는 그림자 하나

사람 든 자리보다 떠난 자리가 크다는데
천천히 채우시라고
유리창에 내린 빗속에 나를 위로하는
천상의 고운 님은 영원한 나의 동반자입니다

질기게 버텨온 연모의 정
쑥물처럼 쓴 병을 놓아야 할 때
누군가 서 있을 거라 눈물 섞인 언어를 주고
내가 가는 그곳에 동행의 밝게 비추는 맑은 그림자

마음의 빚

허락했던 마음 돌려 드리려고
오랫동안 준비했던 빚진 제 마음
전해 주지 못하고 있습니다.

지금도 뇌리 속에 남아 있는
애증의 그림자 하나 떠오를 때마다
마음은 낯설고 불편해져 옵니다.

과거의 빚진 마음 돌려 드려야
현실의 제가 편안할 것 같습니다
이 계절이 다 흐르기 전에 돌려 드리고
싶습니다.

저에게는 그대의 소중한 마음
소유할 수 있을 만큼의
따뜻한 용기가 없음을 용서하소서

바람이 전하는 편지

고요와 적막 속에 산사의 밤은 깊어 가고
잠시나마 세속의 허물 벗어 놓고
부처님 전에 무릎 꿇어 기도합니다

분주하게 달려온 세모의 끝자락에
함께했던 지인들의 얼굴이
다정다감한 모습으로 사랑했던 한해
행복했다고 고운 미소 안겨줍니다.

마주하는 새해의 첫 시간
여명의 빛은 아직 멀었나 보다
산사의 깊은 밤잠 못 이루고
바람이 전하는 편지 한 장 마주합니다

서로가 믿고 의지하며
위로하고 배려하며 살아가라고 합니다.
부도덕과 증오와 만용과 거짓을 버리고
사랑으로 함께 살아가라 합니다.

상처

마음속에 간직한 작은 상처가
생채기를 내고 있는지도 모르면서
그냥 그것을 가지고 있는가 보다

누군가 건드리면 아프지만
아무도 건드리지 않으면
나을 것 같은 작은 상처

누군가 치료 해주면
금방이라도 나을 것 같은데
그 누군가가 알까 봐
생채기가 생기는지도 모르면서
감추고 있는 작은 상처

사람마다 마음에
작고 큰 상처가
하나씩 있나 보다

아무도 그 상처에 대해
물어보지 않았지만

누군가가 알아서 치료해주길
바라는 작은 상처

가슴에 남아있는 내 아픔만 급급해
다른 사람들의 아픔을 모르고
결국은 내 아픔에 내 가슴에
생채기를 내는지도 모르겠네.

슬픈 하늘빛 연가戀歌

길지 않는 한 세상 살면서
가슴 시리도록 한 사람만을 사랑한다는 건
슬픈 바보의 행복한 삶일는지…

지천명이 코앞인 나이에
누군가를 사랑한다는 것이
운무 속의 미로를 헤매는 것처럼
첩첩산중의 두려움이거늘
가시는 길 마지막 온기로 서로가 다짐했던 약속이
사랑을 향하여 몸부림치는 슬픈 너와 나의
사랑의 절규가 아니었는지…
이토록
슬프고 가슴 아픈 것이
너와 나의 슬픈 사랑의 이별이었더라.

세월이 흐르는 세상 속에 울부짖으며
삶의 의미를 뼈저린 가슴 속으로
느끼는 불혹의 종점에서
슬픈 사랑은 더욱더
애절한 그리움으로 피어나는 목마름의 염원일는지…

영원히 함께할 수 없는
너와 나의 슬픈 사랑인 줄 알면서도
이토록 그리워하는 것은
가슴엔 아직도 못다 한 사랑의
결핍이 남아있어
당신을 향하여 다가갈 수 있는
처절한 몸부림이요, 슬픈 연가의 통곡인 것을…

온밤을 하얗게 새워야 하는 긴긴 세월
아직도 너와 나의 슬픈 이별에
그리움의 불씨가 꺼지지 않음은
사랑의 아픔이 치유되지 않아
너를 가슴에서 떨쳐버리지 못한 애틋함 때문이리라…

흘러야 할 눈물만 가슴 속에 가득 고인
너와 나의 슬픈 사랑
이 세상 함께 할 수
없음을 인지한 너의 사랑 나의 사랑은
슬픈 하늘빛 연가이어라

서로가 사랑하며 살게 하소서

오늘 이 발걸음 힘들지언정
내일의 행복이 되고 또 다른 오늘의 희망인 것을
한순간도 쉬지 않고 묵묵히 흐르는 소양강 물처럼
늘 그곳 그 자리에서 말없이 침묵하는 오봉산처럼
우리네 인생 또한 자연의 섭리에 통속하는 것을

하늘이 내려준 대자연의 섭리 앞에
서로가 서로를 몰랐기에
산과 강과 인간을 관계를 넘어서 많은 교감 나누었네.
인생무상 재행무상이라 했던가.
오봉산 자락에 다소곳이 자리한 청평사에
아집과 앙금 벗어두고서

속된 세상사 자연의 흐름 앞에 순응할 줄 알며
배려와 이해와 양보로서
서로가 사랑하는 아름다운 미소 하나 되게 하소서
산은 강을 감싸고 강은 산 그림자 포옹하니
우리 서로 사랑하며 살게 하소서

사랑의 전진 한계선

세월이 남긴 굴곡 속에
별빛도 바람 앞에 옷깃을 여미는데
시인은 탱자나무 한 아름 안아다
사랑의 전진 한계선을 그었습니다.

짧은 사랑 오랜 그리움으로
사랑은 너무 어렵고 서러워
오랜 세월의 가슴은 시詩가 아닌
한 사람의 뜨거운 눈물임을
그대는 정녕 모르실 것입니다

사람은 그리움을 가지며 사는 것이라지만
사랑은 무엇인가를 기다리며 사는 것이라지만
이젠 기다림도 그리움도 버리고 싶습니다.

하늘이 내려 주신 운명에 순응하며
바람처럼 쓸쓸한 눈빛 되어
계절의 향기를 밟으며
하늘 정원을 거니는 나그네이고 싶습니다.

시련과 고통을 주시려거든

시련과 고통을 주시려거든
제가 감당할 수 있는 지금에 주소서
세월 따라가는 발걸음 느려져
그 시련과 고통도 감당할 수 없다면
너무나 불행할 것 같습니다

이 시련과 고통 다하여
행복한 미소 띄울 수 있도록
잠시라도 시간을 늦추어 주소서.

저 자신의 안위가 욕심 없이하시고
제가 누려온 삶에 흠집이 있다면
지금 주소서
견딜 수 있는 힘이 있을 때 내려주소서

신의 그 뜻 받들어 모시겠습니다.
어차피 잠시 빌려 쓴 제 인생
화려한 장미꽃 뿌려 놓은 꽃길이
아닙니다. 살펴주소서
다만 사람으로 태어나서 그 구실 다했노라고

이 시련과 고통 다하는 날
신께서 내린 선처에 감사하며
고개 숙일 줄 아는 한 인생이 되게 하소서
하늘을 우러러 말할 수 있게 하소서

윤회의 길

바람 앞에 힘없이 낙화하여 땅 위에
뒹구는 꽃잎
어찌 인생도 저들과 다름없어 일장춘몽
다가올 생의 가장자리에
화무십일홍의 진리 어라
자연이 오고 가고 돌고 도는 윤회의 길

생의자락에 굴곡이 있기 마련이니
아픔의 한순간이 지나간다 하지만
낡게 퇴색되어가는
삶의 흐느낌이 더욱 가슴 아파오네
차곡차곡 개켜진 세월 가슴 절절히
한으로 얼룩져 흐르는 소통의 강물이여

바람 가는 길 따라 마음도 흐르니
마른 추억 안고서 뚜벅이는 길
그림자 붙들어 놓지 못한 그리움
영롱함이 더욱 슬프다 하네.

잠시 빌려 쓰는 인생

버거운 삶의 등짐 둘러메고
한고비 또 한고비 무거운 발걸음
잠시 쉬어가며
부는 바람, 꽃향기가 전하는
대자연의 섭리에 순응하며
지천명에 놓인 초라한 인생길을 뒤돌아보네.
힘겨운 삶의 긴 여정에서
잠시나마 웃고 행복할 수 있음에
오늘도 감사하고 사랑하고 싶다
쉬어가는 저 바람 저 삶의 향기 그윽함으로…
삶은 무엇이더냐고 굳이 묻는다면
나는 주저 없이
스치는 한 줄기 바람이라고 말하고 싶다
인생은 찐 계란의 노른자는 아니라고…
이 세상에 와서 잠시 빌려 쓴 인생
꽃바람, 꽃향기 가득 담아
한 구절의 노래를 부를 수 있는
여유로운 삶의 여정이고 싶다

3부
세월이 흐르는 강물처럼

가을 병동에서

잠시 그대에게 맡겨두었던 나의 가을은
오늘도 안녕하신가?
지난 꿈속에 마주한 계절이 심한 몸살을
앓는 듯 불편한 심기 가득하더이다

가을이 펼치는 향연에
발걸음 잘못 내디딘 불찰로
낯선 병동 환자복에
세월의 그림자에 고별인사 나누고 있나니

떨어지는 잎새들의 슬픈 전설은 서러운
가슴 강물 되어 일엽편주 띄우고
그대 줄기 위에 내려앉은 찬서리는
목마름을 적셔놓은 갈증인양
나의 반백이 되어 흐르노니

급하게 가는 세월 넘어진 순간만이라도
모른 척 한숨 돌리며 쉬어나 가볼까
쉬어가는 계절의 모퉁이 가슴 한구석
애틋한 고별로 서걱거리고 있노라고

말없이 흐르는 강물

삶의 느낌표로 흐르는 가슴은
침묵의 강물이 유유히 흐르고 있다
세상을 사는 일은 마음속에
외로운 강물 하나 품고 사는 것

말없이 흐르는 강물
휘어진 허리 마디마디 마다에 새겨놓은
꽃잎 같던 사랑이 있어
추억을 되새김질하며 그렇게 흘러가고 있다

우여곡절의 삶속 질곡으로 헤엄치는 강물
못 잊을 정 새겨 두고 어두운 꿈속에 매듭 푿고
바다에 이르는 여울목에서
해맑은 꽃처럼 피어나리.

지금은 감성의 강가에서
마침표 없는 침묵의 물결이 흐르고 있나니
소리 숙여 울며 흐르는 저 강물은 알겠지
시린 가슴으로 흐르는 질곡 속의 세월을.

흐르는 강물처럼

돌고 돌아 흐르고 또 흘러
높은 산정 멧부리 돌아온
긴 세월 인내하는 물줄기여

부디 흐르는 길 거침없이 흘러
큰 강물 이루소서
흐르는 길 속세에 찌든
마음 하나 내려놓으니

흐르다 지치고 힘들 때
작은 돌틈 바위틈에 얹혀 두시여
뒤 따라 흐르는 길손에게 내어 주소서

부디 그 부끄러움 강물처럼
흘러가게 하소서

가는 길 버겁다 내려두지 마시고
이끼 같은 인생 거두시여

흐르고
또 흘러 맑은 강물 되게 하소서

중년의 가슴에

무게 없는 광야에 마음 다 풀기에는
텅 빈 수납장처럼 공허함 가득한 삶
가는 세월 엮어지는 여운 잡으려
모진 가슴앓이 아려 오는 중년의 가슴!

고통은 머무는 것이 아닌 흐른다는 것을
바람 같은 기억의 품에
가슴 부서지는 아픔들도
다시 돌아올 수 없기에.

한숨처럼 흩어져 붙잡지 못하고
멀어져만 가는 모습
열정과 소망이 머물다 간 자리
짙게 드리운 마음의 그늘 걷어 내고 싶다.

세월 따라 계절이 흐르고
우리네 인생도 편승 하나니
사람 사는 삶이 아름다운 행복만으로
가득한 중년의 가슴이고 싶다.

유월의 일기장을 준비하며

한낮의 태양은 정열의 손길로
진한 향기 가득한
장미 빛 사랑 가득 담아
대지위에 또 다른 사랑 심어 놓습니다.

짙은 녹음 속 어둠이 찾아들어
별빛 달빛 환한 미소 담아
유랑자의 길 소나타 음률로 동행하는
발걸음은 아름다운 배려입니다

풀한 포기의 운명으로 싹틔우던
저 대나무 속울음 삼키며 마음 비워
꺾이지 않는 곧은 절개로
신뢰의 뿌리를 내려줍니다.

계절은 시간의 수레바퀴에 매달려
대자연의 섭리와
우주 공간의 공활함으로
세상 살아가는 이치를 깨닫게 합니다.

만물의 영장 사람 사는 세상 어이하여
부끄러움도 수치스러움도 없단 말인가
지나온 삶의 흔적 돌아보며
유월의 일기장을 준비합니다

애증의 부메랑

목마른 꿈 뜨거운 가슴 바람에 취해버린
가로등 밑에 담배연기 자욱한
홀로선 그림자

삶의 연민은 시간 속 끝자락을 날고
여명의 겸손으로 밝아오는 길
심연의 언어가 유연하다

무던히도 참아왔던 쓰라린 애련
저만큼 가버린 세월에
지쳐 쓰러진 마음

변해버린 마음 탓하지 않고 그냥
있는 그대로의 자신을 위로하며
살아갔으면 좋으련만

시간은 계절을 길들이고 한 자락
시어로 연민의 무거운 세월 한 짐을
내려 놓는 사이 세상 속 제물이 된
육신은 애증의 부메랑이 되었나 보다

지금 내 발길은 어디를 가고 있는가!
바람 불어가는 강물 흘러가는 끝자락
언저리에 마지막 눈물 내려놓고 싶다

시어詩語가 목마른 날

숨 쉬며 살아가고 있는 이 시간은
잊으며 외면하며 사는 세월
내 속엔 아무것도 채울 수 없어
공허한 하늘만 바라본다

기억의 한 순간을 붙잡고
걸음걸음마다 서러운 아픔
낮게 가라앉은 잿빛 하늘이
내 가슴을 우롱한다

산천초목도 울다 지쳐
시어에 목마른 갈증
거북등 같아 발걸음 닿는 곳마다
정녕 목마름으로 가득하다

슬퍼하지 않기 1

붙잡을 수 없이 사라지는 삶 속에
목청껏 부르고 싶은 이름이 있고
지울 수 없는 얼굴이 있다면
그리움 가득하게 살아온 것일까

자신도 모르는 또 다른 가슴속에
남겨져 있는 얼굴을 찾는다.
잊으려 애쓰는 내 마음
멀리 떠나보내려 하지만
숨겨진 그늘 속에 남아있는 당신의 영상

어쩌면 영원히 지워지지 않을 얼굴이
잊으려 하면 할수록 가슴 아리게 파고드는 건
아직도 너무 많이 사랑해서인가 보다
당신은 하늘에 별이 되어 반짝이는데
이제 정말 그만 슬퍼하지 않으렵니다.

반복되는 번뇌 속에 당신 모습 잊었다 생각했는데
언뜻 언뜻 당신의 얼굴이 목소리가 들리는 걸 보면
아마도 내 깊은 가슴속에
아직도 지워지지 않고 남아있나 보다

술잔 속의 그리움

맺지 못할 사랑
어찌할 수 없는 운명이라 위안하며
홀로
끌어안은 술잔
허나.

술보다 독한 그리움
나를 태우는 독주 한 잔
버려진 사랑의 잔
한순간 술잔에 지워질
허망한 그리움이라면
온 몸으로 나를 태워
뿌연 재가 된다 해도
얼마든지 부어넣으련만

그대 보고파 흐르는
나의 이 절통한 눈물이
술잔에 채워 그렇게 마셔질
덧없는 그리움이라면
얼마든지 그 눈물

가슴에 담아 마셔주련만
아직은 사랑 깊은 그 이별은
나의 죽음보다 더 애절한 그리움
내가 눈물로 건너야 할 길고긴 윤회의 강에서
희뿌옇게 깔린 외로움으로
나를 세월의 쪽배에 띄워 보내련다.

세월의 언덕에서

청명한 하늘 아래
하얀 구름 두둥실 춤사위 향연인가
나리꽃 꽃잎 떨구며 울고 서 있네
절정의 태양 고개 숙이니
서러움 복받쳐 오르나 보다

바람 불어 좋은 날
그리움 가득한 고향 풍경
고추잠자리의 날개가 분주하다
사각 사각 댓잎 부딪히는 소리
진한 그리움이 만연하다

뒷동산 송죽은 변함없이 푸르고
젓골* 흐르는 계곡물 불변의 대석바위
높고도 깊은 옹골제 그려보니
한없이 낮아지는 내 모습
세월의 언덕에 계절이 오고간다

* 젓골, 옹골제 고향에 있는 지형 이름

세월의 강Ⅲ

계절이 흘러 꽃이 지고
청춘이 떠나간 가을 서정에
울다가 홀로 지쳐버린 구절초의 사연
바람편에 띄워 보낸다.

세월따라 물기서린 애절함이
너울너울 춤을 추고
떠도는 구름 한줄기 바람도
세월의 덧없음을 노래한다.

처연한 이 마음
약속된 시간속에 머무는 삶
속내를 알 수 없는 세월의 강 끝에는
무엇이 기다리고 있을까.

바람과 구름처럼 가슴 마주하는
따뜻한 인연으로 서로가
버팀목 되는 삶의 희망이 흐르는
세월의 강물로 흐르고 싶다.

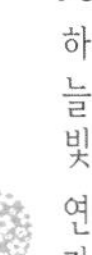

비에 젖은 사랑 하나

비를 맞으며 돌아옵니다
그대 생각에 걸어보던 거리
이젠 아무런 만남도 없어
쓸쓸히 비를 맞으며 돌아옵니다

잊어야 하지요
바람 되어 가야 하지요
남 몰래 떠나는 한 줄기 바람으로
그대 곁을 불어 가야 하지요

그리움 또한 사랑이라면
그리우면 그리운대로 살아야지
사랑은 짧지만 그리움은 길고
이별은 순간이지만 추억은 길다고
부르면 내가 슬퍼질 사랑 하나 있답니다.

가슴에 수놓아진 그리움의 크기만큼
그대를 품어낼 수 있는 가슴 되려
오늘 내가 그린 마음의 깊이가

그댈 향해 깊어지기를 뿌리는
빗방울 수만큼 기도했습니다

바람만 따라와 울고 있습니다

돌아서야 할 발걸음 무거워집니다.
태어나고 돌아가는 일은 늘 주변에 있거늘
삶의 긴 여운 머물고 싶은 심정으로
이 목숨 부여잡고 있습니다.

신神은 참으로 잔혹하여 이제는
목숨을 담보로 제 육신을 유린합니다
이젠 무거운 짊 하나 내려놓아야 하나 봅니다.
홀로 건너야 할 강이 남아 있기에

용광로 속 한 줌의 재가 되어
강물에 흘러가면 그만이고
어느 이름 모르는 들판에 뿌려져
바람에 날아가면 그만인 걸

아파하지 않도록 합시다.
모두들 그만큼의 아픔을 가슴에 묻고
또 살아가는 일이기에
주어진 운명에 따르렵니다.

흐르는 아픔의 눈물도 주워 담고
하늘의 운명에 따라
이름만 남기고 떠나야 할 가슴에는
바람만 따라와 울고 있습니다.

바람과 강물로 흐르는 나

근본도 알 수 없는 부랑아 저 바람
무슨 말 못 할 한이 서려 이리도
삭막한 병실 창문을 때리는가.

휑한 빈 가슴
부자유스러운 육신에
아픈 애증의 통증이 가중되어 온다.

지천명의 세월 어이하여
죄 없다 말하리 저 칼바람
무심으로 장난치나

흐르는 강물 세상사 아는 바람은
결코 뒤돌아보지 않는 법
하지만

기대고 마음 줄 곳 없어 가슴 아프고
육신은 망가져
서러움만 더해가는구나

그냥 있는 그대로의 나
사랑하며 살아갔으면 좋겠는데

저 바람소리 침묵으로 흐르는
강물의 애증은 내 삶의 눈물인 것을

너의 가을 나의 겨울

바람 앞에 흔들리는 억새의 질긴 운명처럼
아픈 시간 기다림으로 인내하며
사랑 싣고 떠나는 마음의 빈자리에
공허한 웃음 세월이 울고 간다

변방의 인생길
혹독한 북풍 앞에 무릎 꿇고 울고 있나니
어찌 사랑을 모를까
그리움인들 모를까

너의 가을 나의 겨울
지금은 심한 열병을 앓고 있는 중
시리고 아픈 상처 절절한 애련함에
네 가슴 내 가슴 도려내는 아픔에 겨워라

인연 없는 낯선 이의 옷자락 부여잡고
구름 끝자락에 매달린 진한 삶의 연민
깃발처럼 허공에서 바람이 울고
하늘이 믿어주신 내 운명의 구름 걷어줄
애련한 기다림이여

너의 가을 나의 겨울
말 못할 사연 가슴에 묻고
맑은 영혼 지천으로 흐르는
강물 닮은 두 그림자여

그림자 하나

퍼붓는 장대비는 수많은 무채색
물꽃을 피우며 아스팔트길
흥건히 가득 채운다.

조용한 음률이 흐르며 심취한 기분
이기지 못해 퇴색 되어가는 기억
지우지 못한 미련이 아련하다

아름답게 지고 싶은 나
기다리는 법을 노래하는 법을
바람에게 배웠기에 기쁘게 살련다.

기억은 추억 끝에 매달려 애처로이
눈물 흘린다.
세상 속 부딪히며 넘어져

상처 투성이로 뒹굴어도
깨닫지 못했던 지난날
아픔이 무엇인지

부질없는 인생살이 지치고
처연해지는
초라한 하루가 지나는구나

가슴으로 보낸 가을편지

오늘 아침은 어제 내린 비로 참으로 신선합니다
마음마저 젖어버릴 듯 풋풋한 아침에
당신에게 편지를 씁니다.

마음이 깨끗하면 당신을 기억하는 데도
늘 새로운 감정들이 솟아납니다.
언제까지나 나의 참한 사랑을 키워
늘 은혜로움에 감사하게 될 것입니다

당신을 안고 살면 눈이 부시도록 황홀한 설렘
탕약처럼 까맣게 졸여드는 그리움이
아플 때도 있어도 눈물 빛 투명한 쓴맛에도
달콤해지는 알사탕 같은 것

당신을 안고 사는 내내 당신만을 위해
시를 쓰는 초라한 무명시인입니다.
낙엽이 흐느적 흐느적거리며 떨어집니다.

한 잎 두 잎 떨어질 때마다 내 영혼의 가장자리에는
한 줄 두 줄 정감어린 시어가 쏟아져 내립니다

아름다움을 추억하면 끝없이
고운 말들이 살아서 오고
아팠던 일을 추억하면 담갈색의 우울한
언어들도 태어납니다.

하지만 내일은 연보라 빛 아름다운 시를
당신에게 부쳐드릴 수 있을 것입니다

가슴 아픈 날

기억의 한 순간을 붙잡고
하나하나에 서러운 눈물입니다
보내야 한다고 술 한 잔에 최면을 걸어
나를 진정시키고도 돌아서서 또 눈물입니다

사랑하는 것만큼 미워하면
한결 쉬울 텐데
미워하지 않음은
아직도 사랑하기 때문인가 봅니다.

추억이 묻어있는 곳에
아픔에 눈물을 뿌리고
흐르는 음악에 그리움 토해내며
하루의 끝에 힘겹게 앉아 봅니다.

얼마만큼의 시간이 흘러야
함께했던 추억을 꺼내놓고
미소를 지을 수 있을는지 지금 같아선
아득한 꿈만 같아 가슴이 메어옵니다.

혼자의 시간에 익숙해졌다고 생각했는데
아직도 환영에 갇혀있는
마른 내 영혼 위로 노을이 집니다.
어둡이 오기 전에 흔적 하나하나 지우며
노을 진 하늘을 오래도록 바라봅니다.

4부

자연의 순리대로

계절이 지나는 간이역에서

계절의 모퉁이로 돌아서는 날
만남과 이별의 간이역은
세월의 발자국마다
고인 사연들의 행렬이 가득하다
가슴에 바람을 품고 가장 소중한 것 하나 들고.

구월이 오면 더 진보된 내일이기를 희구하는
간절함에 갈증을 느낀다.
인생예찬이라도 나누어 가질 벗 하나
그리움 끝자락에 달려올 법한데
가슴 빈 자리로 바람만 다녀간다.

삶의 구름 속으로 유형하는 듯한 모습으로
작은 흔적 하나 만들어놓고 싶다
돌아갈 날들에 대한 소망보다는
어쩌면 작은 희망 하나로 다시 꿈꾸고 싶다
내 삶의 흔적에 대한 후회가 작아지기를 바라면서

강물과 구름이고 싶다

가는 길 멀고 험해도 지칠 줄 모르고
가다 서며 굽이 돌아
쉼 없이 흐르는 강물이고 싶다

심연에 얼키설킨 해 묵은 인연 훌훌 털고
저 높은 창공을 한가로이
두둥실 떠도는 구름이고 싶다

돌덩이 가로막으면 말없이 휘감아 돌며
머문 자리 가리지 않고
높낮이 마다하는 강물이고 싶다

탐욕은 멀리하고 사랑도 미움도 모두 버린
새털 같은 마음으로
바람 부는 대로 떠도는 구름이고 싶다

태양이 온갖 몽니를 피울 때면
저 만치 비켜서고 외롭고 쓸쓸할 때면
달님 벗하여 미련 없이 흐르는…….

겨울에는

겨울에는
멀어 저 가까운 이름에게 편지 한 통 쓰고
우표대신 눈물 한 장 붙이지 않게 하시어
잊으려고 마신 술에 간절함 더하여
흐릿해진 눈빛으로 떠난 사람 이름
부르지 않게 하소서

겨울에는
침묵의 공간에 처연한 가로등 마냥
우리의 슬픈 전설이 시한부의
재회를 꿈꾸지 않게 하시고
사는 일이 피곤하고 지칠 때 혹은
어둠의 마음이 생길 때 한 계절을 앓다 간
이름 없는 철새가 되지 않게 하소서

겨울에는
이른 새벽 나목에 내려앉은 눈꽃이
참고 또 참아온 하늘 눈물이라는 것을
바다에 피어난 물안개가 그 눈물 받아
하늘에게 띄우는 하늘 바다의
편지임을 알게 하소서

겨울에는
망각의 강 건너 상처 아물고
세월이 거슬러 흐르는 추억에
아쉬움 거두고 구멍 난 시린 가슴에
순백의 사랑 꽃으로 치유되게 하소서

가을이 떠나려합니다

시린 그리움의 끝을 부여잡고
가을이 떠나려 합니다.
슬픈 빛깔만을 남겨두고
떨어지는 낙엽의 수만큼의 그리움 내려놓고
아픈 가슴 안은 채 이별을 준비합니다

가을이 말합니다
가슴에 병이 되어 남겨지는 가슴앓이는 그만두라고
비어있는 자리가 허전하고 안타까울 지라도
죽는 날까지 여백으로 남겨두고
그렇게 바라보며 살아가라 말합니다

영겁 속의 한 순간이 인생이라 하기에
단 한 번의 사랑이 진실이라 하기에
이름만 남기고 떠나간 사랑은
슬픈 그림자로 남습니다
가을이 떠날 준비를 서두르고 있습니다.

가을연가

가슴속 태산 같은 그리움 걸어두고
을씨년스러운 초겨울 바람의 독촉에
연모의 정 사랑 가득 흩뿌리고
가는 계절이 다시 오지 않을 길 떠나네

9월이여 잘 가시게나

가을비 추적추적 내리는 구월 끝자락의 새벽녘
한 방울 두 방울 떨어질 때마다
내 영혼의 가장자리에는
한 줄 두 줄 정감어린 시어들이 내립니다.

아름다움을 추억하면 끝없는 고운 언어들이 출렁이고
아팠던 일을 기억하면 담갈색의 우울한 언어들도
태어나지만 내일은 가을빛의 아름다운 시를
당신에게 부쳐 드릴 수 있을 것 같습니다.

시향이 가득한 마음의 텃밭 내어주고
9월은 빗물 되어 가려 합니다
창대한 문운의 꿈 안겨주고
불어가는 바람처럼 그렇게 가려 합니다

한때는 무지갯빛으로 떠 있다가
푸른 가슴에 고운 인연 한줌 쥐고서
훌훌 털고 모든 것에 감사하며
세월을 재촉하는 빗물 되어 떠나려 합니다.

인연 또한 이별이라며
10월의 안부를 전하고
슬픈 안녕을 통보합니다!
떠나는 9월이여 부디 잘 가시게나.

초가을 서정抒情

짙은 녹음의 절정도 낙화洛花를 시작하고
여름 한 낮 햇볕아래 매미의 고성高聲도
한 때였나 보다
오는 가을 사랑하고 떠난 여름 곱게 보내야 할진데
우수憂愁에 젖은 시인의 마음
석양빛 따라 흐릅니다.

짙게 치장治粧한 잠자리들의 유희遊戲
해질녘 일몰의 붉은빛 청엽青葉 마주하니
음객吟客의 심연에 어느덧
하늘빛 닮은 세월의 무게를 느낍니다.

서쪽하늘 드리워진 노을을 바라보면
발아래 밟히는 계절의 소리가 들려오고
스산한 공허空虛감에 바람이 뛰어간다
중년의 언저리에 가을은
삶을 뒤돌아보게 하는 침묵沈默을 요구합니다

지상地上의 어느 시인詩人이 저리도 애련哀戀한
서정을 노래했던가

초라하지 않으면서도 기품 있는
가을을 닮은 중년의 외로움과 서글픔이 없었으면

떠나버린 이름 바람에 띄우고 바라본
하늘빛 같이 고독孤獨한 가을
비어있는 마음자락 속으로 불현 듯 달려와
안기는 서정抒情에 가슴 베이지 않기를

세월은 낙엽 한 장 사이에 뒤집혀져
또 하나의 계절季節을 말없이 재촉하고
오고 가야하는 점지된 운명처럼
인생길 살가운 사랑 보듬어 가는
가을이 되기를 기도祈禱합니다.

세월歲月의 강江

흐르는 강물처럼
되돌아오지 않는
세월歲月의 강江

쉼 없이 스쳐가는 현재現在 속의 과거過去
먼 미래未來는 다가와 시계時計의 초침처럼 지나가는
나는 잠시 이생에 머물다 가는 나그네

늘 목말랐던 내 영혼靈魂의 젊은 날
기억記憶의 조각들이
알알이 모자이크 되어 흐르네.

아!
세월歲月이 너무 추워 호호 입김을 불며
허리 숙여 얼어가는 세월의 강

바람의 등에 업혀

삶이 어리석다 하여도 환각의 물에서
헤어나오질 못하는 내 삶인 듯하여
빙글빙글 겉도는 삶이 우습기도 하여
나도 나를 잘 모르는 바보인가 봅니다.
그렇지요

내가 지나온 길에는
서러운 길 눈물 길도 있었지만
미처 알지 못했던 향기로운 꽃길도 있었고
기쁨 넘치고 행복이 넘치는 길도 있습니다.

가끔은 쉬었다 가겠습니다
고독은 벗할 수 있다지만
삶이 지쳐 버리면 모든 것이 부질없음을
조금은 버리고서
두 눈 감으면 보이는 게 더 많습니다

바람아 밀지 마라

제 아무리 인생길이 이정표 없는
항해라 한다 하지만
바람아 밀지 마라 지금도 가는 중이다
어두운 밤하늘 캄캄한 영혼 속으로
수없이 박히는 저 별들
고개 숙인 나그네를 흔들며 멀어진다.

잿빛 노을이 별로 뜨는 날엔
숯불처럼 사그라져버린 차가운 감정의 파편들
돌아서는 눈가에 서러움의 꽃이 핀다.
애틋한 절규가 오열처럼 터질 때면
차마 떨어지지 않는 발걸음 버겁다
가다가 지치고 힘들면 또 일어나겠지

흩어진 유성을 삼키며
갈길이 멀더라도 살아가는 동안
넉넉한 마음으로 사는 수밖에
급하게 가는 세월의 발자국마다
고인 사연들은 목마름을 적셔놓은 갈증
바람아 밀지 마라

물빛 그리움

눈을 감아도 아련히 떠오르는
마음이 머무는 추억 속에
물빛 그리움 너울이 춤을 춘다.

나지막이 들려오는 음률 속에
까닭 모를 그리움이 찾아들면
오랜 세월 잊었던 영상 하나
주마등처럼 가슴을 울리네!

기댈 곳 없는 마음
그대 사랑했기에
별리의 아픔 삶의 애환들
물빛 그리움 밀려드는 이유일는지

떠나는 계절의 길목에 서서

그토록 서러움과 질투속에 꽃피운 사랑아
이별을 고하는 서러움에 북받쳐 흐르는 이 눈물
시작의 순수와 화려한 절정 사랑 꽃 피우고
떠나는 마지막 길에 아쉬움의 눈물을 흘리는구나.

대자연의 섭리와 진리속에 순응하며
그토록 갈구하던 사랑 한 잎 꽃피우더니
이제는 떠나야 할 계절의 끝자락에
짙은 초록빛 향연의 여운을 남긴 채

잘 가라
보내고 싶지 않는 마음 어찌 말로 다하리.
떠날 때는 떠나야 하는 게 순리이거늘
내 어찌 그대의 발목을 붙잡을 수 있으리
가는 봄아 잘 가라 함께했던 시간만큼 행복했다고.

이제 그 눈물 삼키고
가는 길에 찬란한 태양의 따스함으로
마음 편히 떠나다오
너를 보내고 많은 시간이 지난 후

나 역시도 또 다른 이별을 말하리니 그만 서러워하자.

떠나는 봄을 보내면서 비 내리는 4월 마지막 날에

등대는 외롭지 않다고Ⅱ

바다 속 길을 밝히는 너는
내 마른 마음을 붙잡는 친구
비린내나는 세상 소금물에 담가
바다같이 살아가라고

수많은 인파 물러간 해변의 새벽녘
너는 외로이 불 밝히며
홀로 서 있어도
외롭지 않다고?

푸른 파도 오가는 어선들이
너의 동무되어 외롭지 않다고 말 하느니
넌 참으로 배짱 두둑한 친구
마음 넓은 한량인가 보다

너와 내가 친구 되어 외로움 벗어던지고
세상사 보기 민망한 모습들
가려주고 보듬어 함께 하세나
등대, 네가 있어 나도 외롭지 않구나.

눈 내리는 날

하늘엔 먹구름 정처 없이 떠돌고
사랑과 그리움 안고
펑펑 눈이 내립니다.
만남보다 길었던 그리움 덮으려고…….

거리에는 스쳐가는 바람
눈발 휘날리고
추억은 소리 내어 우는데
아픈 추억 흘러간 사랑
쌓인 눈 속에 묻어두라고…….

눈 내리는 회색빛 도시의 거리를
마냥 걷고 있습니다.
마음속 생채기 하나 끌어안은 채
눈 내리는 거리에 나를 숨겨봅니다.

은빛가루 하얗게 세상을 물들이고
녹슨 내 영혼에 불 밝히면
메마른 내 가슴에 아련히
떠오르는 얼굴 하나…….

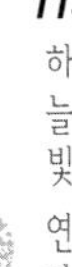

네 마음에 부치는 편지

가슴 시린 밤 턱괴고 바라본 하늘에 그려지는
그대의 얼굴
잠 안 오는 밤, 썼다 지우고 또 써 보는
그대향한 내 마음의 속삭임
내면 깊숙이 울려퍼지는 그대의 간절한 그리움.

시린 가슴으로 쓰인 내 영혼의 편지는
천 마리의 학을 접는 간절한 소망과
작은 기다림으로 더욱더 소중한 그대에게 햇살같은
그리움으로
피어오르는 내 마음 그대에게 닿을 수 있다면

누군가를 사랑한다는 것은
또 다른 나를 선택하는 고통의 시작일 거라고,
그대가 머무는 곳 천상에 부치는 편지는
그대를 위한 나의 간절한 기도입니다.

그대는 물빛 그리움이고
나는 별빛 그리움으로 물든
하늘빛 연가를
추억의 아틀리에 창가에 머무는 그리움입니다.

내 마음 불탈까 봐

누가 저 산에 불을 놓았는가!
저리도 불타는 걸 보니
내 마음도 불탈까 봐 두렵네.

고혹의 고운 모습으로
단풍을 선홍빛 그리움으로 태우며
태고의 꿈을 꾸는 관악산이여

내 마음은 횃불로 타 오르고
계절이 불타는 세월은
서러워 서럽게 울고 있네.

그 무엇이 고혹적이며 정숙한 모습으로
관악산의 불길 속에
내 영혼을 불타게 하는가.

5부

사랑은 늘 아프다

해바라기 사랑

가슴 속 알알이 맺힌 설움
까만 멍으로 가득하다
기다림에 지쳐 고개 숙인 비련이여

날마다 태양을 향한 순정
처절한 인고의 고통은
스스로가 선택한 번민인 것을

아물지 못할 상처 애타는 가슴
슬픈 사랑은 아픔 그리움을
여명에서 노을까지 잉태하나 보다

눈시울 적시는 오늘도 고개 떨치니
빛과 그림자의
이율배반적인 사랑인가

어두운 밤 홀로 남겨진 외로움
하늘과 땅 사이는 멀고도 멀어
하얀 밤 지새우는 슬픈 사랑이여

마음 저미는 날들 혼자만의 외사랑
노을 속 석양빛 먼발치의 해 그림자
밟고 서 있는 애련함이여!

한 세상 다할 그리움이 될까 봐

시리게 여울져오는 그리움의 편린들
아린 상처로 다가옵니다.
차마 버리지 못한 계절의 아픔을 부여잡고
눈물 젖은 그림자 하나 서 있습니다.

한없이 그리울 당신이지만
이승에 이룰 수 없는 사랑 이제는 잊으려 합니다.
너무나도 사랑한 당신이기에
갈바람이 서러워 옷섶을 여미웁니다.

더 이상 채울 수 없는 마음이 될 때까지 그리워만 할 뿐
아무리 그리워도 다시 볼 수 없는 내 사랑이여
진한 그리움에 흐르지 못하는 눈물이
소금보다 진할지라도 오직 가슴에만 있는 그리움입니다

그대는 갈바람 타고 내가 알지 못 하는 꿈속나라에서
그리운 별 하나 되어 내 가슴으로 돌아옵니다.
지금도 행복했던 지난 추억 잊지 못해
마음속 물망초 꽃 가슴에 새기며 당신을 잊고자 합니다.

하늘이 흐려요 숙부님!

한 계절 지나온 사이 눈에 띄게 달라져 간
당신의 안색이 내내 마음에 걸립니다.
봄은 오고 있는데 당신은 저 봄을
영접하러 떠나려 하십니다.
저 들판 끝에 하얀 잔설 몇 줌 남겨두고서…….

하늘이 흐려요 숙부님!
세월의 등에 업혀 부는 바람소리는
영원한 고별을 준비하는 당신을 위한 서곡
새벽은 오고 어둠이 채 가시지 않은 하늘 아래
생명부지의 인연들이 어둠속으로 사라져갑니다.

가녀린 영혼의 침묵 속에
모래성처럼 쌓아가는 세월의 흔적들이
운명처럼 찾아온 이별일지라도
먼 훗날 감사의 마음으로 기억될 수 있는
그런 당신이면 좋겠습니다.

하늘을 보면 눈물이 나요

눈물이 나도 하늘만큼 넓어지는
그리움 때문에 하늘을 봅니다.
언제쯤 당신을 다 잊을 수 있나 하며
애써 잊기 위해 하늘을 보진 않습니다.

하늘이 세상 위에 있는 동안
당신께선 항상 제 위에 푸르게 살아 있음에
날마다 목이 메도록 푸른 절망의 빛을
몸에 두르고 하늘을 향해 다가섭니다.

잊기 위하여 하늘을 보면서도
더해가는 사랑의 깊이는
꺼내지 말았어야 할
시린 그리움의 끝자락입니다

세상에 태어나 당신을 사랑했다는 진실 하나만
내내 가슴에 품고 살다가 고통의 법도를
다 벗어날 즈음에
하나씩 끄집어내어
당신에 대한 그리움의 눈물같은 시를 쓰렵니다.

태산같은 아픔으로

당신에 대한 그리움은 별빛보다 찬란하여
느끼지 못한 눈물의 감정들을
하나도 속이지 못하고
고스란히 받아들입니다.

평생 동안 한 줄의 평행으로만 이어질 뿐
반비례 곡선처럼 세월과 그리움은
갈수록 껍데기뿐인 사랑만 흐르고
당신께선 태산같은 아픔만 주십니다.

당신으로 인해 멍들어가는 영혼
사랑 때문에 당신을 사랑하고도
이별은 용서했지만
잊지 못할 고통으로 남았습니다.

제 인생에 있어 잠시 동안
당신을 사랑한 대가로 죽는 날까지
그리워해야한다는 건 너무나 가혹한 형벌입니다
당신께서 원하시던 사랑의 몫에
미치지 못했던 절 용서하십시오.

애증의 능소화

억겁의 세월의 흐름에도 변함없이
너는 또 다시
내 눈을 멀게 하는구나

이제는 잊을 만도 한데
못 다한 사랑 애증의 그림자로
나의 가슴에 못을 박는구나.

한 여름 뙤약볕에
담장을 오르며 비지 땀 흘리는 너의 사랑
그리도 지고지순했나 보다

들려오는 너의 통곡에
행복했던 찰나의 순간에 멈춰 서서
이렇게 너를 다시 보는구나.

너의 여리고 선한 심성
하늘에서도 뿌리내렸나 보다
아직도 너를 보면
가슴을 쥐어뜯고 있다

불변의 사랑
천상에서도 꽃을 피우니
어찌 너를 잊을 수 있으리

재회의 그날까지
너의 그 고운 정
나의 불변의 심연으로
능소화 아닌 천상화로
함께 피워 영원한 사랑 나누리라

약속

스산한 달빛 창가
잔가지 흔드는 바람 끝으로
시리도록 그리운 얼굴…….

강산이 두 번 바뀐 이별 오래되어
잊은 줄 알았는데
내가 그렇듯 당신도 잊혀진 줄 알았는데…….

허공에 맴돌다 지는 얼굴이 그립습니다
다시 가고픈 그날
어제인 듯 되돌아오는 기억에 독백이 쌓입니다.

지난밤 꿈 속 오늘은 꼭 오리라던 그 약속
달빛따라 나선다는 그님은
해가 중천인 지금도 오시지 않습니다.

이별 그리고 홀로서기

별처럼 햇살처럼
당신은 웃고 계시지만 저는 눈물겹습니다
슬프지 않게 이별하기 위해
마음속에 감춰두고
하늘을 거니는 나그네가 되고 싶습니다.

죽어서도 제가 섬길 당신이시여!
홀로 있어도 외롭지 않을 수 있기까지
얼마나 더 가슴앓이를 해야 합니까
제가 간절히 바랐던 마음
당신이 그토록 원했던 길이었음 싶습니다.

우리의 인연 깊고도 넓은 강물 되어
눈물만 글썽이게 합니다.
당신은 말이 없어 침묵이라 하시고
저는 눈물이 많아 그리움이라 하렵니다.
어느 날 저는 슬픔 없는 홀로서기를 하렵니다.

아픔 없는 이별을 바래면서

아직은 진한 감정의 체온을 느끼면서
연모의 정으로 치닫는
모든 언어가 멍들지언정
아집과 앙금 다 버린 헤어짐을 만듭시다.

잊는다는 것처럼 비참한 건 없습니다.
아니 잊혀진다는 것이 더 비참할 지도 모릅니다.
일깨워진 우리 만남의 의미가 누군가에 의해
망각되어지고 소멸된다는 것처럼 애닯은 것은 없습니다.

어차피 선택의 여지란 없는
실리추구의 계산과 아픔이 잦은 시대에
이제 아파할 이유가 없는 듯합니다
이젠 잊기로 합시다.

그렇습니다. 잊힐 수 있는 가냘픈 존재라면
주저함 없이 잊히는 게 현명하겠지요
잊혀짐으로서 우리의 만남이 지워지고
백지가 된다면 잊어버리기로 합시다.

슬픈 용서

준비 없는 이별 앞에 나는 타인처럼
떠나가는 이승의 마지막 당신을
바라만 보아야 했습니다.
행복했던 인연 인생의 긴 여정을 뒤로 한 채
방랑자의 이루지 못한 서글픈 사랑이었나 봅니다.

하늘만 보면 아직도 그리운 사랑
당신을 사랑하고도 그대의 침묵에
시린 두 눈 감고 사랑의 기도를 드립니다.
나의 사랑이여 천상에서 슬픈 용서를
받아주시길…….

하얀 미소 아련함의 그리운 얼굴,
아직도 못다 버린 이별에
바라볼 수 없는 그리운 그대의 모습
세월이 흘러 먼 훗날 그대가 그리울 땐
차라리 아픈 사랑앓이를 하겠습니다.

사랑, 그 몹쓸병

사랑은 언제나 멀리 떨어져 그리워하는 것
삶이란 그저 지나간 가을처럼
낙엽 같은 조그만 흔적만 남기고
약속처럼 떠나가는 것을

사랑을 배우기 전에 아픔을 먼저 배워야 했을 것을
사랑하는 일은 세상에서 가장 쉬운 일일줄 알았는데
가장 어려운 일이 될 줄이야
쓰라린 영혼의 상처로 가슴을 멍들게 합니다!

사랑을 잃어버린 나는 바람소리에도 눈물겹습니다
내가 여전히 나로 남아야 함은
아직도 사랑하기 때문이요,
당신을 잊어버릴 수 있는 계절을
아직 만나지 못한 까닭입니다

그리고
뒤돌아설 수 있는 뒷모습을
아직은 준비하지 못한 까닭입니다
사랑, 그 몹쓸병!

별빛 사랑

그대는 천상에 빛나는 별 하나
음객은 지상에 숨어 우는 그리움의 별
이율배반적인 우리의 사랑과 그리움

가슴에 심어둔 사랑 하나에
그대는 천상의 사랑으로
음객은 그리움과 추억으로 뜨는 별 둘

새벽녘 울고 가는 별 하나에 사랑 하나
내일은 어느 별로 빛날까
밝아 오는 여명의 빛에 그리움 하나 흐르는데

도성사道聖寺에서

엄동설한 새해의 첫눈 내리우고
간밤의 추녀끝 종소리는
떠난 님의 서러움이었던가?
불효자의 속죄의 울음소리이었나

마음에 스미는 불경소리는
하늘을 바라볼 수 없는 죄스러움 더하고
가슴을 울리는 범종소리에
애틋한 심장 녹아내리네.

바람에 실린 풍경소리에
이승에 다하지 못한 죄 값으로
어머님 아버님 극락왕생 빌고 또 빌어보네

명부전 부부단 열어놓음에
속울음 가득 차 올라
두 무릎 꿇어 고개 떨어뜨리네.

고독이 깊어가는 밤에 I

얼마나 더 오랜 세월을
포기할 수 없는 질긴 인연 붙잡고
서툰 명분에 눈물 되어
때늦은 후회에 마음은 갈라지고
애달픈 가슴에는 병이 깊어라

머물지 않는 바람으로
태산 같은 그리움 가슴에 심었더니
한 평생 이별을 배운 저 갈대들처럼

애틋한 이름 하나 가슴에 묻고
정작 그대에게 가는 이정표는
그 어디에도 없는 이 아득함
창밖의 가로등은 핏기 없이 웃고 있네.

겨울비 연가

냉랭한 겨울비를 동반한 찬바람 불고
한 많은 나목들은 속울음 삼키며
바쁜 걸음 월동준비를 서두르고
삼라만상이 피곤에 지쳐 잠든 이 시간
빗소리에 까만 밤을 보내고 있나니

지천명의 사나이가 한아름
안개꽃 안고서 비에 젖고 있다
먼 훗날 타인이 되어 천상에서도 그대를
우연히 만나는 날이 올지라도
사랑했던 이유 하나만으로
내리는 빗물에 마음 보내오니

빈 가슴으로 한아름 사연을 담은
우체통이 서러운 눈물에 젖고 있나니
내 마음의 비는 등을 적셔오는 연보랏빛
그대 얼굴 그릴 때는 더욱 슬픈 분홍빛

가슴에 아물지 않는 그리움
창문을 타고 흘러내리는 저 빗물이
내 마음의 아픈 눈물 같아
가슴 시린 어느 시인의 슬픈 연가이어라

간절한 그리움

잊고자 노력하며 흘러보내 버린 기억들이
아무리 휘저어도 끝이 없는 저 하늘
어느 틈엔가 당신의 기억으로부터
중독되어 버린 건 아닌지

지금을 위해서만 준비된 오랜 시간
내겐 가슴에 둔 그대로 인해
나는 당신으로 채워져 가고
나를 엮으며 사는 내 영혼의 행복을
영원히 깨고 싶지 않음을

한 번도 가 보지 못한 길
그러나 낯설지 않은 길이 있듯이 내 인생
어느 인연의 자리에서도 가질 수 없었던
간절한 그리움으로 당신을 봅니다.

뚜벅뚜벅 그대 만나러 가는 길
빗물 같은 이유는 아니어도
새벽이 오기 전에 길을 열어 둡니다.

갈취당한 시인의 궁전

차갑고도 냉정합니다
위풍당당한 겨울 왕궁에
저리도 철두철미한 전략과 전술은
한 치의 양보도 관용도 없나 봅니다.

찬 서릿발에 시린 발자국 절며
마지막 가는 길까지 용서치 못하는 걸 보면
최후의 시간까지 비와 바람과 우박을 동반한
연합작전에 무저항으로 세월이 정해놓은
과거라는 움막 속으로 비틀비틀 들어갑니다

흐르는 세월 찰나의 화려함과
오색의 화려한 꿈도 퇴색되어 가고
가난한 시인의 궁전에는
차가운 기운만 가득합니다

반겨주지도 손 내밀지도 않았는데
손님 아닌 손님인양 허락도 없이 찾아든
겨울의 사신이 가난한 시인의 궁전을 조롱하며
가슴에 엄포를 놓습니다.

이제는 겨울의 황제를 뫼시라며
가을의 궁전을 희롱하며
교지를 받들라 성화입니다
그래도 사랑했으니까 이만큼은 아파해도 되리라

6부

삶은 시가 되어 흐르고

강가의 목마름

시린 가슴 내 강가에는
찬바람만 여울지고 떠난 사람 말없이
가는 것처럼 그렇게 버려진 긴긴 세월에
굴곡진 세상의 언덕을 굴러가는
세월의 수레바퀴가 삐걱거린다.

망각의 강 건너 상처 아물고
세월이 거슬러 흐르는 추억의 향연 속에
달빛은 기울어가고 별빛도 바람 앞에
옷깃을 여미는 시간
시인의 마음은 강물따라 흐른다.

흔들림 없이 가는 인생길 어디 있으련만
사랑은 스쳐 가는 바람처럼
이별은 떠나지 않는 눈물처럼
방황하는 삶의 끝자락 배회하는 그림자 하나
돌아서 가는 내 강가의 목마름

강물에 물음표를 던지다

서러운 건 변주곡으로 다가오는
계절 때문일까
예견된 눈물도 낯설긴 매 마찬가지
하지만 이제는 구멍 난 투망을 거두어야 할 때

흐르는 강물에 띄우는 낙엽처럼
마음은 아무것도 잡지 못하고
무심히 흐르고
흘러간다.

거짓 없는 마음으로 과장 없는 웃음으로
가슴으로 말하고 느끼며
주어진 현실에 기꺼이 물음표를 찍으며
살아가야지

망각의 강 건너면 그 아린 상처 아물까
세월이 거슬러 흐르는 심연 속에 아프고 진한
연민의 딱지는 어이 하나
숱한 갈림 속에서도 하늘 같은 넓은 세상을
꿈꾸는 시인은 정말 바보일까

넋두리 II

헤아릴 수 없는 사랑의 마음
가슴에 언어 다 토해버리면
작아질 것 같은 사랑
정답 없는 게 인생이라면
그리움의 답은 무엇입니까.

영혼을 뒤흔들 듯 지친 고독이 아파하고
뼛속까지 스며든 한숨 호흡을 고르며
운명을 탓해도 그리울 때가 가장 행복합니다

정말 어쩌다가
행여 힘들고 지칠 때가 있다면
그때 내가 이렇게 낮은 곳에서
그대를 바라보고 있노라고
고개 떨어뜨림 대신 나를 보아 달라고

내가 아무리 영혼을 사랑한다 해도 알까요.
내가 그리워하는 것을 알까요.
사랑함에 굳이 말로 표현하지 않아도
눈빛만으로도 충분 할 수 있음을
오래된 그리움은 오래된 것만큼 가슴이 아려옵니다.

나그네 마음

저녁노을 채색되어진 하늘가
어둠은 빛의 속도를 더하여
별빛 달빛 춤사위 향연을 펼치는데
길 떠난 나그네 마음 서럽고 서러워라

살포시 불어오는 바람 한 줌에
잊은 듯 불현듯 생각나는
그리움과 추억들이 번민과 번뇌되어
가는 길 막아서네

아리고 애련한 그리움 하나 있어
아름답고 그윽한 추억 연민의 정

별빛 따라 달빛따라
시린 가슴속 그리움도 추억도
내려놓고
춤사위에 동행하는 나그네 마음이여

군축령을 넘으며

오랜 아픈 상흔의 추억임에도
애타는 무관심처럼 모른 척한다는 것이
어쩌면 떠나는 입장을 지극히 헤아려
주심에 감사와 미안한 마음

이제 약관의 흔적과 이립의 중간에서
제복을 벗고 모른 척
그런 일에 관심 없다 하였지만
긴 여운의 아쉬움은
이렇듯 아픈 대가를 치러야 한다는 것을

진정 지인님들께 죄송하다고
다시는 함께할 수 없는 길 떠나면서
괜찮다고 스스로 위안했던 음객의
영혼이 차마 가슴 저며 올 줄 몰랐습니다.

야위고 공허해진 마음에 지인들의
사랑과 관심으로
평온한 마음으로 군축령을 넘습니다.
늘 함께했던 우리는 진실로
마음 따스한 인연들이었습니다.

난처럼 살고 싶다

가느다란 줄기 속에
굳은 절개
변함없는 푸른빛이여

진한 향기 가득 날리우는
촉수마다 깊은 뜻
고결한 숨결이여

낮은 목소리

구름 위로 흐르는 별빛이
멀어진 인연들의 차가운 눈빛 되어
나를 바라보고 있다.

준비 없이 다가오는 날들
숱한 방황 속에서 인생의 빈 잔에
채워야 할 것은 무엇인가!

기다림과 절망 속에 오늘은 과거가 되고
설렘 속에 내일은 찬란한 모습으로
밝은 햇살 비추리라.

눈물로 절여 놓았던 애증들이
입술을 태우며 기다림을 더 배우라며
낮은 목소리로 속삭인다.

내 고운 가슴 되어

빛을 잃은 마음
그래서 빛과 등지고 사는 마음.
그것 또한 비참한 것도 없기에
내 마음 빛을 잃었었지

내 마음 어둠에 자식이 되었었지.
나의 생각이 빛을 등졌을 때에
난 어둠의 종이 되기도 했었지.

내일 모래면 다가와 버릴 새해에는
삶을 밝혀주는 등불이 되고프고

빛 마냥 고운 가슴 안고
살아가는 한줄기 피어오르는
등불이 되고픈 까닭이라네.

달력 한 장

달랑 한 장 남은 달력의 무게만큼
내 젊음은 가벼워지고
그마저 아쉬워서 담배 연기 속에
후회를 실어 보낸다.

새로운 달력을 준비하며
또다시 다 잡아보지만
세월의 관성 앞에서는 모두가
부질없는 짓인 것만 같다

언제나 반복되는 세월의 부침 속에서
나는 언제나 자유로워질는지

새롭게 걸어놓는 새 달력의 묵직함에
위안을 삼아보지만
마음은 언제나 허허롭다

이제는 달력 한 장 한 장의 무게를 절감하며
그 세월의 무게만큼 나를 채워가야지
한 장 한 장 뜯어내도 결코
가볍지 않은 인생의 무게를…….

마음

한 가닥 그리움 담아 당신에게 보냅니다.
그 그리움의 깊이를 알지 못하는 그대이지만
그래도 언젠가는 알 것 같은 당신이기에
그리움 가득 담아서.

밝은 햇살 담아 당신에게 보냅니다.
오늘도 햇살같이 따사로운 마음이
당신에게 보내질 것 같아
밝은 햇살 담아 당신 가슴에.

한 가닥 희망을 담아 당신에게 보냅니다.
언젠가는 당신에게도 나에게도
꼭 이루어지리라는 희망을 바라며
당신에게 보냅니다.

목련이여, 인생이여

봄 햇살 화사함으로 완연한
푸르른 창공은
하얀 구름 유유하고

봄의 화신들 신명난 듯
흐르는 바람따라
춤사위 출렁이네

소음 먼지 가득한
삶의 현장에서 바라본
아픈 목련이여

귀하고도 순백한
그 자태에
부끄러운 음객의 눈빛이여

하늘은 순백의 심성에
비바람과 눈과 우박으로
잔뜩 몽니를 부리네.

보도블록 위에 떨어진 꽃잎
짓밟히고 뭉드러지니
어이할 까나

저 꽃잎 다 지고 나면
깊은 고뇌 속에 잠길 것을
새옹지마 인생이런가

이 그리움 누구의 것이기에

힘에 겨워 슬퍼하고 외로움에 아파하며
괴로움에 눈물지었을 때
흘려버리는 한 줌의 물처럼
그대에 향한 간절한 그리움은
잠시 스쳐 가는 가을바람입니다

그리움으로 슬픈 가슴 안고
인생의 책장이 하나하나 쌓여갑니다
하지 못했던 말들 허공에서 흩어지고
잡지 못했던 미련들은 산마루에 걸려있는데
잊고 산다는 다짐은 세월 앞에 두었습니다

이 그리움 누구의 것이기에
흐르는 아픔의 눈물도 주워담고
오늘은 내일의 추억이 되는 방랑자의 연주곡
인생의 간이역에 목마른 가슴
적셔놓은 갈증입니다.

조금은 남겨 두고서

영영 멀어진 길목에서
너를 보내고 난 뒤에도
너는 나에게 잊을 수 없는
하나의 이름이다

널 위해 내 마음이 울고 가슴 아픈 것은
누구도 가질 수 없는 나만의 슬픈 행복이라
구름이라도 좋으니
날 네 곁에 남겨두고 싶다

그리우면 그리움대로 외로우면 외로움대로
조금은 남겨두고 살련다
아름다운 사람을 알게 되면
사랑할 수 있을 만큼의 자리
조금은 남겨두고서.

정복正服을 버리며

당신을 찾아가던 길에
늘 단벌처럼 착용했던
정복을 꺼내놓고
제 이름 석자 새겨진 명찰을 떼어냅니다

당신이 그토록 좋아했던 진녹색 정복에 달린
계급장도 휘장도 병과 마크도 떼어냅니다
눈물이 날 것 같아 담배에 불을 붙입니다.
아린 아픔들 하나둘 잊으려고

당신의 손길이 어린 정복에
커트 칼을 대어 금빛 단추들을
하나씩 떼어냅니다
떨어진 단추 하나하나에도 가슴이 저려옵니다

당신을 잊기 위해 아니 떠나 보내기 위해
정모의 금테와 모표와 명찰도 제거했습니다
이렇게라도 마음속 당신을 보내려 합니다.
헌 옷 수거함 앞에서 잠시 하늘을 봅니다.

기쁨과 아픔을 함께했던 많은 세월 동안
함께 동행했던 정복을 밀어 넣고서
한참을 그곳에서 발길 돌리지 못하고
아픈 이별을 통보했습니다

사랑 그 아름다운 이름으로

보고 싶어서 그리워서
하늘 곁을 떠돌다가
그대 머무는 하늘 밝히지 못하고
구름이 눈이 되어 버린 하늘빛 연가
그대 눈물에 숙연해집니다.

영혼을 태운 영롱한 빛으로
차오르는 아름답고 애틋한 사랑
운명의 별리
눈물로 다가오는 그리움 하나
사랑이란 그 아름다운 이름 되새김질합니다

바라고 또 바라는 애달픈
뒤돌아본 추억 속의 영상처럼
천년의 노송처럼 그 자리에
항상 있었음 싶습니다.
사랑 그 아름다운 이름 하나로

삶은 시가 되어 흐른다

유연하게 흐르는 강물
영롱한 이슬 순수의 마음
붉게 타는 노을처럼
사랑을 안고 살고 싶어라

나는 어디로 흐르고 있는가.
여름날 녹음은 짙어만 가는데
꽃잎은 바람 따라 저 하늘을 비상하는데
강물도 꿈을 꾸며 흐르는 걸까

삶과 죽음은 들숨과 날숨 사이에 있노라고
그 숨결 사이 마음 서글퍼
속울음 삼키니 높고 넓은 우주 공간에
바람따라 떠나갈 것을

형상 없는 바람 소리가
진정 영혼의 울음일까
슬픈 멍울들이 강물 되어 흐르고
삶은 시가 되어 흐른다.

서툰 명분에 눈물되어

바늘처럼 꽂히는 이름 하나
건넬 수 없는 강물처럼
끝내 저는
그대에게 닿을 수 없는 걸까요

애틋한 이름 하나 가슴에 묻고
한 평생 이별을 배운 갈대처럼
마음 걸음 휘청거리고
가야할 길 아득한데

기다림의 약속 없이 떠난 사람
세상에 내놓지 못한 시인의 마음
갈피마다 채워놓은 그 이름
태고의 무표정으로 돌아가야 하는가!

부랑아처럼 떠도는 내 영혼은
어긋난 인연에 몸서리치는데
하늘은 기어코
눈물을 쏟아내고 있습니다.

하늘빛 사랑

시들지 않는 향기
그리움으로 채워보는 가슴
목숨보다 질긴 연민
삶이 두꺼워질수록 떨칠 길 없어라

가녀린 영혼의 침묵 속에
모래성처럼 쌓아가는
세월의 흔적들
운명처럼 찾아온 이별일지라도

먼 훗날 그때에는
아름다운 미소로
서로를 추억할 수 있는
그런 사랑이면 좋겠습니다.

영원으로 흐르는 강가에서
초라한 모습으로 서 있어도
사랑의 향기를 품을 수 있는 가슴
하늘빛 사랑이면 참 좋겠습니다.

시어詩語를 낚는 그대

시詩을 쓰는 시인의 마음은
고통과 인내로 멍들어 있네.
수많은 감성이 다 살아있기에

어느 그 작은 것 하나라도
예사롭게 지나치지 않는
풍부한 감성은
숙명적으로 정해진 도둑일까

인생人生 속에서 시詩을 낚는 그대
이 땅에 그대가 없다면
얼마나 삭막할까
시인詩人이여, 누가 그대를 불렀는가.

아픔과 고뇌의 불꽃으로
비극과 희극의 갈림길에서
상한 마음은 詩語의 샘물이 되고

타는 목마름으로
뒤틀림을 체험하면서

몸 안의 수액을 눈물로 끓여
쏟아놓는 시인詩人이여

시월에는 이렇게 살게 하소서

가을비 찬바람 앞세운 시월에는
단풍의 지혜로움 배우게 하소서
푸르던 잎사귀들 물들어
떠나야할 고락의 겸허함으로

오색찬연한 마고자 속에
붉은 물감 수놓은 저고리에
속살 환하게 비추어도 부끄러움 없이
회귀하는 섭리에 고개 숙이며

떨어지는 낙엽의 슬픈 통곡보다는
그 생애가 아름다움으로
쓸쓸하지 않으며 또다시
밑거름되는 희생을 배워

서글픈 인연이 있었다면
서로가 보듬고 포옹하는 인연으로
따뜻한 온정으로 좋은 인연되어
손잡고 마음 열어 허전함 없게 하시여

사랑의 그릇이 작고 못났을지라도
더 나누고 보탬 되는
배려 넘치는 은혜로움으로
아픔과 애환 쓰다듬어 동행하게 하소서

새벽에서 중천中天까지

계절이 공존하는 여름과 가을
전선戰線은 진퇴양난進退兩難을 거듭하고
새벽녘 서재書齋에 자리하니
시상詩想은 떠오르지 않고
담배를 찾아 문다

귓가를 맴돌며 피를 부르는
새벽녘의 불청객 모기 한 마리
정신을 혼미케 하여
그를 찾아 단죄斷罪했다

어둠을 걷고 창틈으로 고공高空을 향한
꿈을 재촉하며 시상을 일깨우는
여명黎明을 따라 집을 나섰다

도봉산 자락 먹자골목길 포장마차에
홀로 앉아 탁주 몇 병 안주는
오가는 등산객들의 모습이다

어느덧 태양은 중천에 떠 있어
이제는 돌아가야 할 시간인데
오늘도 무릎 탁 치는 시어 한 음절音節
구하지 못하고 탁주에 해바라기처럼
공허해진 머리만 꺾고 있다

아!
감당할 수 없는 흔들림이 무거워
두 눈 가리고 가고 싶다
근데 수유리가 어느 방향인가?

하늘정원

그대에게 가는 길이 멀고도 멀어
늘 바라보는 하늘
그대가 머문다는 하늘 정원
볼 수도 느낄 수도 없는 그곳
한 걸음에 달려가 그대에게 말하고 싶었습니다.

너무 보고 싶었다고
그리움 때문에 지난밤 너무 아팠다고

생각하지 않으려고 애쓰면
더욱더 생각나는 그대
여전히 내 가슴에 남아 슬픔으로 저무는 그대
내가 그대를 보내지 않는 한 언제까지나
그대는 나의 사랑이니 하늘 정원에서 그대를 다시
만나리.

흘러가는 세월에 휘감겨서
온몸으로 맞부딪치며 살아 왔는데
현실의 내가 힘들다고 외롭다고 말하면
그대가 아파하고 미안해 할까봐

보고 싶고 그리워도 말하지 못합니다.
사랑하고 그리워도 차마 말을 하지 못합니다

이름 없는 들꽃을 아끼는 마음으로
사랑의 영혼을 감싸 안을 줄 아는
가슴이 따뜻한 우리의 사랑이
그대가 머문다는 하늘정원에서도
아름다운 사랑의 꽃 활짝 피었음 싶습니다.

시평

"세월이 흘러도 풀리지 않을 그리움"

이훈식 (시인·서정문학 발행인)

박채선 시인의 시집은 1부 우리 인연되어, 2부 바람이 전하는 말, 3부 세월이 흐르는 강물처럼, 4부 자연의 순리대로, 5부 사랑은 늘 아프다, 6부 삶은 시가 되어 흐르고 등으로 구성되어 있다. 살아오면서 천형처럼 도진 이별과 만남, 그리고 삶의 고귀함을 그리움의 시어로 담아내고 있다. 박채선 시인의 시를 읽어보면 가슴 저 밑에 사유의 숨결로 숨겨져 있는 그리움을 만날 수 있다. 어찌보면 그리움이란 시어는 인간의 원초적 본능이요, 우리 삶의 의미가 되기도 하는 낱말이다. 시를 쓰게 되는 동기가 무엇이냐고 물으면 시인마다 다 다른 이유가 있겠지만 박채선 시인은 늘 목마른 그리움 때문에 시를 쓴다고 시로서 대답을 하고 있다. 한 마디로 얘기하면 박채선 시인은 그리움의 시인이다. 그리움 속에 자기 자신을 투영해 놓고 지고지순한 인연의 매듭들을 하나 하나씩 풀어내고자 하는 노력이 불타는 창조의 열정으로 나타나고 있음을 본다.

1부에 있는 시에서 보면

다 허물어진 마음 상처로 가득한 가슴에
한 없이 부르고 싶었던 당신의 이름을
이리도 피 눈물 흘리게
이리도 초라한 시를 쓰게 하시지만 이것이
마지막의 길까지 써야 할 제 인생의 모든 것임을

– 「그리움의 추억록 II」 중에서–

언어를 도구로 하는 문학은 상상력의 소산이기도 하지만 살아오면서 경험해야만 했고 넘어서야만 했던 질곡의 시간들을 오직 자기만의 색깔로 그려내는 창조의 작업이라고 볼 때 박 시인은 만남과 이별, 삶과 인연이라는 명제 앞에 아주 소박한 감성의 언어로 자기를 표출해 놓고 있다. '당신은 초라한 시를 쓰게 만들고 마지막의 길까지 써야 할 인생의 모든 것'이라고 말하는 것은 당신이라는 대상자가 꼭 목마른 그리움을 가져다 준 특정 인물일 수도 있지만 광의적인 의미로 살펴볼 때 자기자신을 객관화시켜 본 깊은 사유의 대상일 수도 있다는 것이다.

물이 흐르듯 흘러가는 세월의 언덕
쉬어가는 길목 머물지 않는 바람
애틋한 아픔 하나 가슴에 묻고
허공에 맴도는 사모곡이여

– 「사모곡」 중에서 –

새털구름만큼이나
한낱 불티 되어 허공虛空에 날릴진대
시간時間이 흘러 버거운 삶 속에도
바람은 인연因緣되어 내 가슴 불어갑니다

-「인연」 중에서 -

시인은 어떤 소재를 만났을 때 소재가 보여주는 표피적인 인식이 아니라 그 소재의 내재한 사유의 가치를 언어로 끄집어낸다는 것은 결코 쉬운 일이 아니다. 그만큼의 경륜과 사고의 깊이가 없으면 불가능한 일이다. 그런 점에서 보면 박 시인은 삶의 아픔과 애증을 절절한 언어로 가슴으로 토하듯 생명의 숨을 시어에 불어넣고 있다. 그리움이 바람이 되고 구름이 되며 흐르는 세월 속 허공에 맴도는 시어가 되는 그 본질이 바로 박 시인의 에너지이며 세월 속에 정지된 언어가 아니라 끊임없이 자기자신을 관조해 보려는 노력임을 본다.

시의 최대 가치는 진솔한 마음이고 아픔마저 기쁨으로 승화시키는 작업이라고 해도 무방하다고 한다면 끝없는 연민을 화자로 삼아 시어로 담아내는 박 시인의 그리움은 인간의 근원에 대한 물음이요, 그리움을 통해 자기 자신을 들여다보려는 자아성찰의 한 방편임을 알 수가 있다.

2부에 있는 시에서도 보면

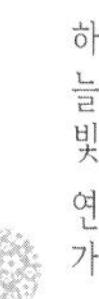

우리 인연 천사의 달빛 별빛
지상의 서리꽃 눈꽃 피워도 괜찮아요
우리 서로 영혼 속에
남겨진 사랑이니까요

-「괜찮습니다」 중에서 -

지금도 뇌리 속에 남아 있는
애증의 그림자 하나 떠오를 때마다
마음은 낯설고 불편해져 옵니다.

-「마음의 빛」 중에서 -

시라는 것은 사실 순수한 감성만으로 창조되는 작업은 아니다. 애증과 희로애락의 시간 속에서 지나간 삶의 경험이 시적 경험으로 연결될 때 그 어떤 절실함에서 터져 나오는 하나의 비명이다. 운명처럼 받아들일 수밖에 없는 삶의 굴레 속에서 시간시간 부딪쳐오는 애환과 굴곡의 언어들이 서리꽃 눈꽃으로 피워도 난 괜찮다는 말은 자조의 언어가 아니라 한 발 물러 선 자리에서 삶의 결핍마저도 내 것으로 받아드리겠다는 성숙한 사고임을 본다.
박 시인의 시에서는 가식이 없다. 오히려 그런 부분들이 혹여 흠이 될 수도 있지만 아프면 아프다고 외로우면 외롭다고 자신을 숨기지 않는다. 아직 상처난 곳에 딱지가 붙어 있어 아물지 않는 부분들이 도질 때마다 눈물 냄새가 가득한 몸부림의 언어이지만 때 묻지 않은 심성이 가슴을 적신다. 좀 더 간결한 언어 은유와 함축을 통한 작업이 필요한 부분이기는 하지만 지금의 불타는 열정으로 자기만의 색깔 자기만의 시각을 만들어 간다면 세상 밖으로 향한 사유가 구도의 언어로 자리 잡을 수 있을 것 같다.

3부 - 4부에서도 보면

말 없이 흐르는 강물
휘어진 허리 마디마디 마다에 새겨놓은
꽃잎 같던 사랑이 있어
추억을 되새김질하며 그렇게 흘러가고 있다

- 「말없이 흐르는 강물」 중에서 -

세월 따라 물기 서린 애절함이
너울너울 춤을 추고
떠두는 구름 한 줄기 바람으로
세월의 덧없음을 노래한다.

- 「세월의 강」 중에서 -

겨울에는
망각의 강 건너 상처 아물고
세월이 거슬러 흐르는 추억에
아쉬움 거두고 구멍 난 시린 가슴에
순백의 사랑 꽃으로 치유되게 하소서

- 「겨울에는」 중에서 -

시인은 자신이 인식할 수 있는 대상을 소재로 삼아 자신과 인과관계를 설정하며 그 대상을 주관적인 사고 속에서도 독자의 시각으로 객관화시킬 수 있을 때 많은 공감을 얻어낼 수가 있다. 마디마디 새겨놓은 꽃잎 같던 사랑도 그저 떠도는 구름 한 줄기임을 알았다는 박 시인의 노래는 아픔 뒤에 오는 애절함보다는 그 방황과 그 두려움을 알면서도 그것을 극복해보려는 은유적 표현임을 알 수가 있다. 슬픔을 아는 자만이 희곡을 쓸 수 있다는 말과 일맥상통하는 부분이다. 박범신 소설가는 왜 소설을 쓰느냐는 물음에 삶의 결핍을 채워보려는 욕망에서 글을 쓰게 된다고 했다. 아마 박 시인에게 누가 왜 시를 쓰느냐고 물으면 구멍 난 시린 가슴이 치유 되고자 슬픔이 외로움이 또 다른 그리움이 될까 봐 쓴다고 할 것 같다.

5부 - 6부 시에서도 보면

명부전 부부 단 열어 놓음에
속울음 가득 차올라
두 무릎 꿇어 고개 떨어뜨리네.

- 「도성사」 중에서 -

세월의 등에 업혀 부는 바람 소리는
영원한 고별을 준비하는 당신을 위한 서곡

새벽은 오고 어둠이 채 가시지 않는 하늘 아래
생면부지의 인연들이 어둠 속으로 사라져 갑니다

- 「하늘이 흐려요 숙부님」 중에서 -

헤아릴 수 없는 사랑의 마음
가슴에 언어 다 토해 버리면
작아질 것 같은 사랑
정답 없는 게 인생이라면
그리움의 답은 무엇입니까

- 「넋두리 Ⅲ」 중에서-

박 시인의 작품을 가지고 어떤 평을 한다는 것은 결코 쉬운 일이 아니다. 애증과 그리움을 상징과 은유로 나타내기보다는 그간 많은 세월의 갈등 속에서 안으로만 삭혔던 육신화肉身化, incarnation되지 못한 언어들을 세상을 향해 또 자기 자신을 향해 붉은 피처럼 토해 내고 있다. 어쩌면 아프면 아픈 대로 그리우면 그리운대로 꾸밈이 없는 아주 대중적인 언어로 탄생시키고 있다. 삶이라는 주어진 환경 속에서 한 번쯤 자신을 되돌아보는 자기 고백이며 밝고 어둠의 이분법적 사고가 아니라 철저한 자기의식 속에 내재되어 있던 응어리들을 벌거벗겨보는 작업이기도 하다. 이별의 아픔을, 뜨거운 사랑을 관념과 허구로 덧칠하지 않고 사람 냄새 물씬 풍기는 언어로 재창조

시킨 박 시인은 정형화된 틀 속에 갇히기보다는 끈질긴 생명력을 가진 잡초의 근성처럼 오늘도 있는 그대로 숨김없이 창작의 불을 태우고 있는 그 열정에 박수를 보낸다. 아마 군더더기 없는 정서를 통해 자신을 해부해 보려는 작업이야말로 박 시인의 감각이요, 창작의 기쁨일 것이다. 근자에는 그 뜻이 무엇인지 전혀 모를 정도로 난해한 시가 주류를 이루고 있었는데 이젠 담백하면서도 한 폭의 그림 같은 고운 서정시들이 전면에 나서고 있음을 본다. 아직 갈 길이 멀지만 이번 시집을 통해 시적 대상에 대한 따뜻한 관심과 그 본질을 움켜잡는 시인이 되어 주길 바란다.

한 가지 바람이 있다면 직설적인 어법 보다는 한 번 더 침전된 시유로 정제된 시어를 끌어내며 외연적인 확대보다는 내재화된 언어로 승화시키는 노력을 해봤으면 하는 것이다.

이제 우리 문단의 민얼굴을 보이게 된 박 시인이여 앞날에 무궁한 발전과 문향 가득한 시인이 되길 바랍니다.

2015년 1월 용인에서 이훈식